성공을 준비하는
비전의 기술

THANK GOD IT'S MONDAY
by
Nashville, Tennessee
Copyright ⓒ 1998
This translation of THANK GOD IT'S MONDAY is published by
arrangment with Aslan Publishing,USA

Korean Translation Copyright ⓒ 2008 by Big Tree Publishing co.
through /OPTION/ Literary Agency, Seoul, Korea

이 책의 한국어판 저작권은 /옵션/ 에이전시를 통해
Aslan Publishing과의 독점 계약으로 도서출판 큰나무에 있습니다.
신저작권법에 의해 한국 내에서 보호를 받는 저작물이므로
무단 전재와 무단 복제를 금합니다.

성공을 준비하는
비전의 기술

팀 호에르 지음 | 한정은 옮김

큰나무

 차 례

저자의 글 ┃ 삶의 비전을 발견하고 실천하라
서문 ┃ 세 가지 조화 속에 나타나는 삶의 비전

제1장 삶의 비전 찾아내기
chapter1. 목표 발견을 위한 기본틀 17
chapter2. 삶은 단독비행이 아니다 52
chapter3. 어떤 세계관을 가지고 있는가? 70

제2장 회사에서의 일과 조화 이루기
chapter1. 회사와의 조화 이루기 93
chapter2. 조화를 위한 개인적인 전략 129
chapter3. 조화를 위한 파워 툴 156

제3장 직장인으로 새롭게 거듭나기
chapter1. 장애를 넘어 변화하기 187
chapter2. 새로운 변화의 힘을 이끌어 내기 208

삶의 비전을 발견하고 실천하라

돌이켜 보면, 〈성공을 준비하는 비전의 기술〉의 초고를 쓰는 일은 내 생활에 커다란 촉매제가 되어 주었다. 이 책을 끝낸 이후 나는 전에는 쉽게 예감할 수 없었던 그런 길을 걸어왔다. 최근 2년 동안 나는 많은 새로운 경험과 새로운 성공을 누렸다. 또한 새로운 장애와 새로운 도전에 직면했다. 그것은 한층 높아진 위험을 감내한 특별한 시간이자, 배움과 좌절, 변화의 시간이었으며, 개인적인 성장의 시간이었다고 말할 수 있다.

이 책을 집필하기 전에 나는 15년 동안 조직관리 컨설팅 분야에서 일해오면서, 삶의 비전이라고 생각했던—빠르게 변화하는 비즈니스 환경 속에서 개인과 조직이 성공의 핵심적인 원리들을 적용할 수 있도록 도와 주는—일을 성실하게 추구해 왔다. 나의 컨설팅 업무는 특히 삶의 비전의 발견과 개인과 조직의 조화라는 영역과 관련이 있지만, 단지 이것이 나의 직업이기 때문에 추구하고 노력해 온 것은 아니었다.

이 책을 완성할 무렵, 나는 다른 사람들이 그들의 삶의 비전을 발견하고 조화시킬 수 있도록 적극적으로 도와 주고 싶다는 강한 바람과 함께 개인적인 변화의 시기가 다가왔다는 일종의 직감을 경험했다. 하지만 이러한 바람은 전략적인 면에서 회사의 방향에 부합되지 않았고, 이로 인해 나는 어려운 선택에 직면했다. 커져 가는 열정과 비전을 포기하고 회사의 전략적인 초점에 순응할 수도 있었고, 대담하게 새로운 모험 속으로 뛰어들 수도 있었다.

두 가지 선택 앞에서 6개월 간을 망설였고, 그동안 나는 타협점을 찾으려고 노력했지만 좀처럼 쉽지 않았다. 1998년 중반, 마침내 나는 회사와 그동안 그곳에서 열심히 쌓아 왔던 모든 것들로부터 떠나기로 결심했다.

퇴사한 후에 친구인 존과 동생 벤 두 사람과 동업하여 LifeVision, Inc.를 설립했다. 얼마간의 낙관적인 예감과 미래에 대한 기대를 안고 나는 새로운 모험을 시작한 것이었다.

'LifeVision'을 설립한 이후, 우리 앞에는 여러 가지 난관과 살맛나는 기쁨의 순간이 엇갈리며 펼쳐졌고, 그야말로 인생의 교훈을 한꺼번에 맛보았다. 지금껏 나는 자신의 삶의 비전에 그토록 열정에 넘친 적도, 나의 삶이 요구하는 바를 수행하기 위해 그토록 준비하고 노력했던 적도, 그리고 나의 메시지가 담고 있는 원칙들이 갖고 있는 힘에 대해 그토록 확신에 차 있었던 적도 없었다―그리고 그토록 견디기 어려운 스트레스, 시험대에 오른 듯한 두려운 기분, 힘겨운 도전 그리고 기진할 정도로 지쳤던 적도 없었다!

진정으로 자신의 삶의 비전을 발견하고 조화를 시키기 위해서는 엄

청난 용기가 필요하다는 것을 나는 배웠다. 그리고 자신의 삶의 비전에 대해 이해한 바를 실천에 옮기는 일은 궁극적으로 자기가 하는 모든 결심과 인간 됨됨이가 하나도 남김없이 시험대에 오르는 것을 의미한다는 것을 알았다. 하지만 이 모든 것은 그만한 가치가 있다. 결국, 당신은 더 행복하고 더 만족하며 그리고 진정으로 성취하게 될 것이기 때문이다.

당신과 함께 배우는 초심자의 마음으로 나는 날마다 삶의 비전을 발견하고 새롭게 거듭나는 것에 대해 배워 가고 있다. 내가 이해하게 된 가장 중요한 것은 우리는 평생 동안 자신의 삶의 비전을 실천해 가야 한다는 사실이다. 물론, 이것은 즉각적인 만족을 요구하는 오늘날의 사회 분위기와 맞아떨어지지는 않는다.

우리는 실행에 옮기고, 성공하고, 전적으로 만족하라는—그것도 지금 당장 하라는—독촉에 내몰리고 있다. 하지만 우리 대부분에게 있어 온전한 삶의 비전의 성취는 짧은 시간 안에 이루어지는 것이 아니다. 이를 위한 지름길도 없다.

지난 두 해 동안 내가 얻은 또 하나의 중요한 교훈은 우리가 매번 새롭게 직면하는 장애가 미래의 성공을 위한 주춧돌이 된다는 것이다. 내게 가장 힘겨웠던 시기를 되돌아 볼 때, 그때의 좌절이 나로 하여금 새로운 시각을 갖게 하였고, 새로운 기술을 배울 수 있었으며, 태도의 변화를 꾀하도록 만들었다. 또한 성공적으로 목표에 이를 수 있는 기회를 제공해 주었다고 나는 확신한다.

당신이 자신의 삶의 목표를 이해하고, 실행에 옮기며 그리고 조화하는 길을 향해 걸음을 내딛기로 했다는 사실에 나는 용기를 느낀다. 그 과정에 있는 당신에게 이 책이 다소간 의미 있는 촉매제가 될 수 있으리라 믿는다.

팀 호에르

서 문 세 가지 조화 속에 나타나는 삶의 비전

"으……. 월요일이군."
"오늘이 수요일. 좀 낫긴 해, 하지만…… 금요일이면 좋겠다."
"야호! 목요일이다. 거의 다 왔어."
"오늘 하루도 잘해 보자. 그래, 해 보는 거야."
"드디어 주말이다. 이제야 살 것 같아."
언제 어디서나 마치 후렴구처럼 듣게 되는 말들이다.
우리들 대부분은 주말을 위해 살고, 단지 일해야 하기 때문에 일하고 있으며, 삶은 주말에만 있다고 생각한다. 그렇지 않은가?
여기에 심각한 오류가 있다. 우리는 정말로 살 것 같은 기분이 들어서, 의미 있는 것을 할 수 있어서, 편안하게 지낼 수 있어서 혹은 새로운 기분이 될 수 있어서 주말을 기다리고 금요일이면 신에게 감사하고 있다. 하지만 우리가 정말로 추구하고 있는 더없이 충만한 삶을 살아가는 것은 우리의 손이 닿지 않는 저 너머에 있을지 모른다. 우리는 이 현대적 문화현상 한가운데에 존재하는 미묘한 기만을 제대로 보지 못하고 있다. 금요일이면 신에게 감사하는 패러다임 속에 매몰되어, 결과적으로 우리가 뒤집어쓰고 있는 오류를 의식하지 못하는 것이다.

따라서 우리에게는 사고의 전환, 두뇌의 재정리 즉, 새로운 패러다임이 필요하다. 화요일에도 토요일만큼의 의미와 만족을 찾을 수 있는 새로운 방법으로 자신의 목표를 발견하고 그 목표와 자신의 일을 조화시킴으로써 일 속에서 성취감을 찾을 수 있어야 한다. 이를 위해 끊임없이 스스로 새로워져야 하며 한 주를 마감할 때 뿐 아니라 한 주가 시작될 때에도 에너지로 충만해야 한다. 나는 지금 삶을 살아가고, 인간관계를 맺고 그리고 일하는 새로운 방법을 찾을 것을 권하고 있다. 즉, 삶의 비전―개인의 목표라는 화두를 새롭고 실제적인 눈으로 바라보는 것―에 관해 이야기하고 있는 것이다.

지금까지 수없이 많은 책들이 개인적 효율성과 성공이라는 주제를 다루어 왔다. 사실, 개인적 목표는 흔히 개인적 성공을 위해 중요한 여섯, 여덟 혹은 열 가지 사항들 가운데 하나로 분류된다. 그러나 "전체적인 계획 가운데 개인적 목표의 발견과 조화는 몇 번째 순위에 놓이는가?"라는 의문에 대해서는 이것이 매우 중요한 문제임에도 불구하고 시간을 들여 그 해답을 찾고자 한 사람이 없었다.

나는 개인적인 목표의 발견, 조화 그리고 새로운 조화가 개인의 효율성과 성공을 위한 기초라고 믿는다. 하지만 이들은 성공적인 삶을 위한 일곱 가지 습관, 여덟 가지 원칙 혹은 열 가지 열쇠라는 목록 속에 포함되어 대개는 그 중요성이 폄하되어 왔다. 우리는 이 목록들을 읽고 그것에 비추어 자신을 평가하지만, 우리 가운데 실제로 충분한 시간을 들여 자신의 목표를 찾으려는 사람은 많지 않다. 이에 대해 너무나 무심해져 있는 것이다. 나는 개인적인 목표에 대해 시대에 구애받지 않는 어떤 진실을 제시함으로써—삶의 비전이라는 형태로—당신이 새로운 방법으로 이 주제를 이해하는 데 도움이 되기를 바란다.

자신의 삶의 비전을 놓고 하는 씨름이 앞으로 당신이 하게 될 가장 의미 있는 일 가운데 하나가 되기를 희망한다. 세심하게 관심과 주의를 기울여 삶의 비전에 대해 고민한다면 이것이 당신의 미래에 중요한 영향을 가져오고 어쩌면 당신의 미래를 획기적으로 바꿔 놓을 것이다. 삶의 비전은 성공을 위한 조건들과 별개로 그 자체로써 집중적으로 연구되어야 한다. 이 힘겨운 문제를 붙들고 씨름하면서 정직한 해답을 얻기 위해서는 강한 집중력이 요구된다. 이 책은 당신이 이 과정을 헤쳐 나갈 수 있도록 도와 주는 도구이자 아이디어를 정리하는 상자이다.

일단 발견을 위한 여정이 시작되면, 이는 일생동안 이루어지는 과정이라는 것, 항상 조금씩 변화한다는 것, 그리고 결코 끝나지 않을 여정이라는 것을 알게 될 것이다. 어떤 의미에서, 이 여정에는 '도착'이란 말이 없다. 하지만 나는 당신에게 이 여정을 시작하도록 용기를 주고, 그 길을 따라 걸어가기를 촉구하고 싶다.

많은 비즈니스 관련 서적들과는 달리, 이 책은 기업경영자나 관리직에 있는 사람들만을 위한 책이 아니다. 관리자 위치에 있는 독자들에게도 이 책은 매우 유용하겠지만, 이것은 일상을 살아가는 보통사람을 염두에 둔 책이다. 이 책에 인용된 모든 이야기들은 여러 각도에서 직장을 조망한 결과로부터 얻어진 것이다. 대부분 당신처럼 자신의 일 속에서 의미와 목표를 찾아가고 있는 보통 사람들에 관한 이야기이다.

개인적 목표라는 주제에 대한 지금까지의 접근법은 대개 삶의 비전의 첫 번째 요소(목표)에서 정지한다. 하지만 당신의 개인적 목표를 이해하고 추구하는 데 있어 다른 두 요소들(사람과 원칙)도 마찬가지로 매우 중요하다. 그 과정은 초상화를 그리는 것과 흡사하다. 목표만을 배경으로 '인생의 임무'를 규명하는 것은 평면적이고 일차원적인 그림을 그리는 것과 같다.

사람과 원칙이라는 두 요소는 그림에 질감과 3차원적 원근감을 입히고, 그 속에 새로운 의미와 공명을 가져다 준다. 이 책에서 내가 하는 일은 삶의 비전의 세 가지 기본 요소 하나하나를 탐구하는 여행 속으로 당신을 데려가는 것이다.

자신의 삶의 비전을 발견하고 조화시켜 나갈 때, 삶의 비전은 강력한 툴이 되어 흥미진진한 삶의 여행 속으로 당신을 인도해 줄 것이다. 당신이 앞을 향해 나아갈 때, 무엇인가를 진정으로 할 수 있을 것 같은 예감과 힘이 되어 줄 것이다. 가장 어려운 시기에 놓였을 때도, 삶의 비전은 당신이 의지하고 반추할 수 있는 출발점이 되어 줄 것이다. 무엇보다 중요한 것은, 삶의 비전은 당신으로 하여금 자신의 사명을 성취하는 삶을 살아가도록 도와 줄 추진력이 될 것이라는 사실이다. 인생에 있어 이보다 더 큰 만족이 어디 있겠는가!

이 책은 세 부분으로 구성되어 있다. 첫 번째 부분은 발견의 과정에 관한 것으로, 이것은 실제로 하나의 과정이다. 나는 세 가지 주요요소—목표, 사람들 그리고 원칙들—에 대해 각각 하나의 장을 할애하여 삶의 비전의 시작과 진행을 위한 틀을 제시할 것이다.

두 번째 부분은 당신의 삶의 비전과 일을 조화시키는 문제에 관한 내용이다. 깨어 있는 시간의 절대적인 부분이 어떤 형태로든 일과 연관되어 있기 때문에, 당신은 자신의 삶의 비전을 적극적으로 일과 조화시켜 나가야 한다.

세 번째 부분은 당신의 삶의 비전을 날마다 새롭게 거듭나도록 만들어야 하는 어려운 도전에 관한 내용이다. 삶의 비전을 실행해 가는 과정에서 많은 어려움에 직면하게 될 것이므로, 우리는 자신의 비전을 새롭게 다듬고 결심을 견고히 할 수 있는 툴이 필요하다.

각 장의 끝에는 삶의 비전 개념을 적용할 수 있는 연습용 툴이 마련되어 있다. 이 툴을 건너뛰고 지나갈 수도 있겠지만, 나는 시간을 내어 해 볼 것을 권한다. 삶의 비전을 발견하고 조화시키기란 쉽지 않다. 이 일은 당신의 결심과 힘겨운 노력을 요구하겠지만, 그만한 노력을 들일 만한 가치 있는 결과를 얻게 될 것이다.

인생은 여정이자 목적지이며 역설 그 자체다. 아인슈타인은 우리가 진실에 가까이 다가갈수록 진실은 더욱 역설적이라고 말했다. 그렇더라도 당신이 원하는 추구를 멈추어서는 안 된다. 이 책은 당신의 삶 속에 존재하는 역설을 조금 더 이해하는 방법이기도 하다. 이 책이 당신으로 하여금 월요일부터 일요일까지 삶 속에서 의미와 목표를 발견하도록 도와 줄 수 있으리라 믿는다. 여러분의 승선을 환영하는 바이다!

제1장

삶의 비전 찾아내기

Chapter 1
목표 발견을 위한 기본틀

> "모든 사람에게는 삶에 있어 성취를 요하는 구체적인 과제를 실행에 옮겨야 할 자신만의 특별한 사명 혹은 임무가 있다. 이 점에 있어 그는 다른 누구로 대치될 수도, 자신의 인생을 반복할 수도 없다. 따라서 모든 사람에게 주어진 일은 그것을 수행할 수 있는 특정한 기회만큼 특별하다."
>
> -빅터 E. 프랭클Viktor E. Frankl 〈인간이란 무엇인가Man's search for Meaning〉에서

카리브 해를 항해하는 유람선을 몹시 타고 싶어한 어떤 사람에 관한 이야기가 있다. 어릴 때부터 그는 환상처럼 화려한 유람선을 타고 이국적인 정취가 가득한 항구를 돌며 여행하는 꿈을 꿨다. 하지만 불행하게도 가난한 형편으로 인해 포기해야 했다. 여행경비를 마련하기 위해서는 한 푼이라도 아껴야 했다. 어느 날 그는 마침내 결심을 했다. 가장 싼 승선표를 살 수 있을 때까지 한 달에 50달러를 저축하기로 한 것이다.

힘겨운 몇 년의 세월이 흐른 후, 드디어 그날이 왔다. 흥분에 들뜬 채, 그는 유람선에 몸을 실었다. 2주 동안, 그는 카리브 해를 항해하며 바다의 경치와 소리 그리고 바다의 냄새를 즐겼다. 이것이야말로 살아

있는 삶이었다! 하지만 그 모험에는 희미한 슬픔의 빛이 드리워져 있었다. 헐값에 표를 구했기 때문에 그는 밤마다 벌어지는 공연과 화려한 연회를 멀리서 지켜보아야만 했다. 과일과 직접 만든 샌드위치를 먹으면서, 그는 푸짐하게 차려진 스칸디나비아식 요리가 너무 먹고 싶었다. 어느 것부터 먹어야 할지 정신을 차릴 수 없을 정도였다.

맨 먼저 손이 가지 않을 수 없는 최고급 갈비, 신선하기 그지없는 해산물, 그 맛을 형용하기조차 힘든 갖가지 안주, 최고급 와인과 디저트. 사람들은 그 속에서 더없이 멋진 시간을 보내고 있는 듯했다. 밤마다 사람들의 웃음소리와 말소리, 춤과 즐거움이 넘쳐흘렀다. 그는 파티에 끼고 싶어 안달이 날 지경이었다. 돈을 더 저축해서 싸구려표가 아닌 다른 표를 샀더라면!

여행 마지막 날 저녁, 한 승무원이 저녁파티를 지켜보고 있는 그를 발견하게 되었다. 그날 밤의 파티는 더없이 화려하고 근사했다! 음악은 밤공기를 뒤흔들었고, 식탁은 이전보다 더 사치스럽고 풍성한 음식들로 넘쳤다. 그곳에 있는 사람들은 인생의 멋진 한 순간을 즐기고 있었다. 그날 저녁이 거의 끝나갈 무렵, 마침내 승무원은 그 남자에게 다가가 물었다.

"저렇게 멋진 송별파티에 왜 참석하지 않으십니까?"

"늘 한 가지 이유 때문에 이전의 다른 모든 저녁파티도 바라만 보아야 했지요. 나는 가장 싼 표를 샀답니다."

대답하는 그 남자의 얼굴에 슬픔이 스치고 지나갔다.

"네? 모든 승선표에는 가격에 상관없이 항상 저녁파티가 포함되어 있습니다. 저녁식사, 댄스파티 그리고 연회 어느 것이든 제한이 없습니다."

그 승무원은 놀라서 말했다. 남자는 말문이 막혔다. 기막힌 사실을 깨닫는 데 단 몇 초도 걸리지 않았다. 도대체 무슨 짓을 한 것인가! 2주 동안 그는 저녁식사로 사과, 오렌지 그리고 샌드위치만 먹으면서 사람들이 우아하게 먹고, 마시고 함께 즐거워하는 것을 지켜보기만 했다. 한번 물어 보기라도 했으면 되었을 것을, 이제는 너무 늦어 버렸다. 어떻게 이런 일이 있을 수 있단 말인가?

그는 자기 자신에 대한 분노에 휩싸였다.

'도대체 머리를 어디 두고 다닌 거야? 일생에 한 번밖에 없을 이 여행을 위해 3년 동안 저축해 왔는데, 바다여행의 가장 큰 즐거움 가운데 하나를 놓치고 말다니! 음식과 파티가 모두 포함되어 있었다니……'

기회를 놓쳐 버렸다는 고통은 너무나 컸고, 그는 아마 평생 자신을 나무라게 될 것이다.

유람선을 탄 이 남자처럼 당신은 인생의 항해를 하고 있다. 그리고 자신에게 던져야 할 중요한 질문들, 어떤 항해를 할 것인가에 대해 중대한 차이를 가져올 질문이 있다.

"이 여행에 무엇이 포함되어 있는가?"
"나의 인생은 어떠한가?"
"내가 존재하는 의미와 목표가 있는가?"
"인생이라는 여행을 어떻게 극대화할 것인가?"

놀랍게도 대부분의 사람들은 이런 질문을 간과한다. 뿐만 아니라 대답을 구하기 위해 시간을 들일 필요성조차 모르고 있다. 매일의 생활과 소동들이 당신의 정신을 모두 차지하고 있다. 멈춰 서서 인생의 가장 중요한 질문들을 곰곰이 생각할 시간조차 없다. 하지만 이 질문들을 던지고 해답을 찾지 않는다면 당신은 앞으로 어떤 위험을 맞게 될까? 이 여행 속에 포함되어 있는 인생의 보다 중요한 것이 있음에도 불구하고 지금 당신이 놓치고 있는 것이 있지 않을까?

개인적인 목표를 발견하기 위한 첫 단계는 먼저 삶의 비전을 당신의 레이더 스크린에 포착하는 것이다. 다시 말해서, 이 질문들을 스스로에게 던지고, 삶의 비전에 대한 일반적 인식수준을 높이고, 그리고 자신의 삶의 비전과 일 사이의 관계를 이해하는 것이다. 삶의 비전을 이해하고 자신의 일과의 관계를 이해하게 될 때, 당신은 새로운 동력원을 얻게 될 것이다. 새로운 방식으로 자신의 일을 평가하고, 일주일의 하루하루 동안 더욱 큰 만족을 경험하게 될 것이다. 이것이 바로 이 책이 말하고자 하는 바이다.

이 책은 탐험, 발견, 그리고 조화의 과정 속에서 당신을 도와 줄 방향타가 될 아이디어와 이야기 그리고 도구 모음집이다. 이 책 전반에 걸쳐 일련의 도표들이 제시된다. 이 도표들을 통해 개인적 삶의 비전을 발견하고, 조화시키며, 새롭게 만들어 감에 있어 서로 다른 측면들을 집중적으로 조명하고자 한다.

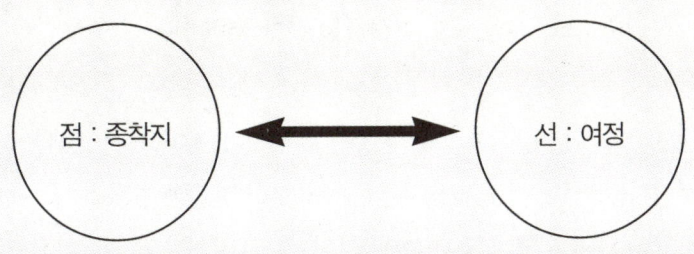

원칙 : 당신의 개인적 목표는 "나는 왜 존재하는가?"라고 질문하며, 동시에 미래를 바라보면서 "나는 어디로 가기를 원하는가?"라고 묻고 있다.
역설 : 여정을 계속해 감에 따라서, 목표에 대한 당신의 관점이 변하기 때문에 발견의 과정은 말 그대로 평생이 걸릴 수 있다.

개인적 목표 속에는 현재 자신의 목표에 대한 이해와 자신이 지향하고자 하는 미래의 그림이라는 두 가지 중요한 내용이 담겨 있다.

도표에서 현재 자신의 목표에 대한 이해는 당신의 목표 혹은 당신이 존재하는 이유에 대한 현재의 이해를 나타낸다. 그리고 자신이 지향하고자 하는 미래의 그림은 미래가 다가옴에 따라 당신이 어느 곳에 이르고 싶어 하는가에 관한 비전을 나타낸다. 이것은 미래가 어떤 모습일까에 대한 모호한 개념이 아니라 구체적인 그림이다.

자신의 삶의 목표를 규정함으로써, 이를 통해 이 두 가지 요소를 명확히 규정지을 수 있으며, 당신이 존재하는 이유에 대해 현재 어떻게 이해하고 있는지 인식할 수 있다. 또한 앞으로 어디를 향해 가고자 하는가에 대한 개념을 발전시킬 수 있다. 자신의 삶의 비전을 적어 내려갈 때, 이 목표요소들을 모두 고려하는 것이 중요하다.

목표 속에 숨은 역설은 여행을 계속함에 따라 당신의 생각이 바뀐다는 것 즉, 과거로부터 풍부한 경험을 얻고 그 과정 속에서 성숙해진다는 것이다. 당신이 마주치는 사건들은 당신의 정신과 영혼을 이루는 씨실과 날실―현재 당신의 모습을 이루고 있는 부분―이 된다. 이런 이유로 인해, 미래에 대한 비전은 삶의 여정에 따라 변하게 된다. 당신의 미래에 대한 비전은 여정 속에서 새로 배우고 알게 된 것들을 수용하면서 점진적으로 변화한다. 쇼펜하우어는, "우리의 삶은 앞으로 나아가면서 처음에 보았던 것과는 다른 풍경이 나타나고, 더 가까이 다가가면서 풍경이 다시 변화하는 여행과 같다"고 말했다.

이 장에서 나는 왜 목표에 대한 질문을 던질 시간을 내야 하는가, 무엇이 개인적인 목표인가, 그리고 어떻게 개인적인 목표를 발견할 수 있는가에 대해 살펴보고자 한다.

왜, 이런 질문들을 던져야 하는가

우리들 대부분은 이런 저런 형태로 인정받고 싶은 열망에 차 있으며, 우리의 삶이 가치 있는 무엇이 되기를 원한다. 유명한 심리학자 매슬로는 타인에게 인정받고자 하는 것은 인간의 기본적이고 보편적인 욕구

가운데 하나라고 말한 바 있다. 명확한 목표의식을 개발하는 것은 인정받고 싶은 욕구를 만족시킬 수 있는 중요한 열쇠이다. 인간의 욕구를 구성하는 여러 다른 요소들이 분명히 있지만, 개인적인 목표를 이해하는 것만큼 중요한 것은 아무 것도 없다. 목표발견의 과정에 발을 내딛고 이를 성취하기 위해 헌신할 때, 삶 속에서 의식할 수 있을 만큼 인정받는 경험을 하게 될 것이다.

  목표와 같은 이런 종류의 개념을 놓고 고민할 때, 나는 자주 자신들의 일을 통해 세상을 더 나은 곳으로 만든 사람들의 이야기 속에서 영감을 발견하곤 한다. 이런 사람들의 개인사를 읽어 내려가는 동안, 나는 나를 둘러싼 사람들의 삶 속에서 목표를 발견하고 새로운 차이를 만들 수 있다는 생각에 고무된다. 역사적으로 일을 통해 목표를 성취한 사람의 위대한 예들 가운데 하나가 부커 T. 워싱턴Booker T. Washington이다. 그의 자서전 〈검은 노예에서 일어서다Up From Slavery〉에서 워싱턴은 "신은 목표를 성취하기 위해 자주 인간과 기관들을 사용하신다"는 자신의 믿음을 피력하고 있다. 그로 하여금 1800년대 모든 아프리카 미국인들이 직면하고 있었던 수많은 장애들을 극복하겠다는 결심을 하게 만들었던 것은 바로 자신의 목표에 대한 더없이 굳은 확신이었다. 믿을 수 없을 정도로 가혹한 시대의 편견과 그에게 주어진 부족한 경제적인 기회를 극복하는 것뿐 아니라, 노예로 살아야 했던 그 자신의 경력이 남긴 영향들과 맞서 싸우면서, 워싱턴은 무서우리만치 집요하게 자신의 삶의 비전을 추구했다.

  꺾이지 않는 인내와 준비의 시간 속에서, 그에게 마침내 기회가 허락

되었다. "1881년 5월…… 감히 기대할 수 없었던 방식으로, 나의 평생의 일을 시작할 수 있는 기회의 문이 내게 열렸다"고 그는 회상했다. 알라바마 주에 있는 아프리카 미국인들을 위한 조그만 학교인 터스키기 전문학교의 학장직을 맡아 달라는 요청을 받은 것이었다. 그 이후 그는 손, 머리 그리고 마음의 교육을 통해 '아프리카 미국인'의 기초를 만드는 일에 평생을 바쳤다.

대략 기술하는 것만으로도 교육을 향한 그의 노력은 한 편의 소설이 되고도 남는다. 열악한 시설과 장비에도 불구하고 그는 '수백 명의 배고픈 영혼들'에게 지식을 불어넣는 힘겨운 도전에 당당히 맞섰다. 그는 약 40동의 건물을 건설하는 일에 학생들이 직접 참여하도록 하는 논란의 소지가 있는 계획을 추진했다. 워싱턴의 목적은 학생들에게 노동이 단순히 고역이나 고생이 아니라는 것을 가르치고, 일을 그 자체로 사랑하는 법을 배우게 하려는 것이었다. 그의 지도 아래, 터스키기 전문학교는 그야말로 무에서 시작하여, 수천 명의 아프리카 미국인들을 교육하고, 희망을 나누어 주었으며 그리고 많은 사람들의 가슴속에 꿈을 불어넣어 주었다.

부커 워싱턴은 그의 업적을 인정받아 미국 최고의 명문 하버드에서 명예박사학위를 수여받았다. 1896년 6월 학위를 수여받은 자리에서 그는 자신의 인생에 대해 이렇게 술회했다.

> 나의 생의 전반부—대농장의 노예로, 광산에서 석탄 캐는 일을 하고, 먹을 것도 입을 것도 없이 길가에서 잠을 자야 했던 시절, 교육을 위한 힘겨운 노력

과 터스키기에서의 힘겨웠던 시간들, 그리고 그곳에서 벌린 사업을 완수하기 위해 단 1달러도 아쉬웠던 나날들, 같은 흑인들에게서 받아야 했던 배척과 비난—내 앞을 스쳐간 이 모든 것들 앞에 나는 무릎을 꿇을 뻔했다. 나는 세상이 명예라고 부르는 것을 추구한 적도 마음을 쓴 적도 없다. 나는 늘 명예란 선善을 위해 노력할 때 사용되는 것으로 여겨 왔다. 나는 친구들에게 만약 내게 선을 행하는 도구로써 행여 명예가 주어져 그것을 사용할 수 있게 된다면 나는 기꺼이 그것을 가질 것이라고 자주 말해 왔다. 내가 명예에 관심을 두는 것은 선을 행하는 데 사용되는 수단으로서일 뿐이다.

얼마나 강인한 인간인가! 워싱턴은 헌신했다—세상과 한 인간을 동시에 바꾸기 위해, 자신의 일생의 일을 실행에 옮기기 위해, 역경을 극복하기 위해, 그리고 공동의 선을 위한 하나의 도구가 되기 위해. 마찬가지로, 당신에게도 삶의 비전은 새로운 힘이 샘솟게 하고 달라지겠다는 결심을 하도록 도와 줄 것이다. 또한 가능하리라고 생각조차 해 보지 않은 곳으로 당신을 인도할 삶의 목표를 기꺼이 포착할 수 있게 해 줄 것이다. 그 과정 속에서 인정받고 싶은 바람과 당신의 삶을 괜찮은 것으로 만들겠다는 개인적인 필요가 충족을 얻을 것이다.

개인적인 목표란 무엇인가

삶의 의미와 삶의 큰 그림 속에서 우리가 해야 할 역할을 놓고 고민하는 것은 분명 새로울 것이 없는 일이다. 나이가 몇 살이든 그리고 어떤 문화권에 속하든, 모든 사람은 이 큰 그림을 이해하고 있고 이 그림 속에서 자신에게 맞는 자리를 찾아다닌다. 육십대의 반란, 칠십대의 자기본위 그리고 팔십대의 현저한 소진消盡을 생각해 볼 때, 인간은 아흔이 넘어도 자신의 내면에서 느껴지는 열망을 채우기 위해 무언가를 추구하는 것이 분명하다.

우리는 우리의 삶과 일 두 가지 모두에 담긴 의미를 찾고 있다. 어려운 질문 몇 가지를 던진다.

- 나는 왜 존재하는가?
- 나의 삶의 목표는 무엇인가?
- 나 자신이 중요한 일부인 마스터플랜이 있는가, 아니면 모든 것이 우연에 의해 이루어지는가?
- 내가 세상을 더 나은 곳으로 만들 가능성이 있는가?
- 내게 어떤 사명이 있는가?
- 나의 일 속에서 성취를 얻을 가능성이 있는가?
- 내가 하는 일 속에서 의미를 발견하는 것이 삶을 유의미한 것으로 만드는 비결들과 연관되어 있는가?

이 문제들을 붙잡고 씨름한다는 점에서 우리는 삶의 의미를 이해하고자 노력해 온 수십억 명의 사람들과 같은 대열에 서 있다. 이 막연한 질문들 앞에서 실제로 아무 대답할 말을 찾지 못하는 것은 어쩌면 당연하다.

앞에서 일목요연하게 제시한 것과 같은 '큰 그림'에 대한 질문만으로 개인적인 목표를 발견하려는 것은 쉽지 않은 일이다. 이 질문들이 중요하기는 하지만, 좀더 구체적인 출발점이 없이는 대답하기가 어렵다. 다음의 네 가지 분명한 구성요소를 살펴보는 것으로 시작할 수 있다.

(1) 자신의 기술, 재능 그리고 능력
(2) 자신의 성격과 기질
(3) 개인적인 이력
(4) 자신의 열정과 관심

이 4가지 요소들이 합쳐져서 당신의 개인적인 목표를 구성한다.

기술, 재능 그리고 능력

주의 깊게 자신의 기술, 재능 그리고 능력을 살피는 일은 흔히 자신의 개인적인 목표를 깨닫는 데 있어 첫걸음이 된다. 이것들은 당신이 가진 특별한 능력이다. 이것들은 음악적인 재능과 논리적으로 사고하는 능력과 같은 재능이다. 이 속에는 또한 당신이 교육, 훈련, 직업적 경험 등을 통해 획득한 기술들도 포함된다. 당신이 가진 어떤 능력들은 다른 능력에 비해 더 개발되어 있을 수 있고, 또 어떤 것들은 몇 년 간 사용하지 않는 사이에 휴면상태가 되어 버렸을 수도 있다. 당신의 모든 능력은 당신의 개인적인 목표의 핵이 될 것이기 때문에 이들을 정확하게 검토하는 것은 무엇보다 중요한 일이다.

성격과 기질

당신은 독특하며, 이러한 독특함은 당신의 성격과 기질 속에서 분명하게 드러난다. 10대 청소년 시절, 나는 "너의 성격을 부정하지도 바꾸려고 하지도 마라"라는 어머니의 말씀에서 중요한 교훈을 배웠다. 이 시기는 나에게 통렬한 아픔의 시기였고, 역동치는 진리로 충만했던 때였다. 당신이 삶을 이어가고 사람들과 관계를 맺는 방식은 다른 이들과 구별된다. 당신은 독특한 기호, 일종의 개성과 기질을 가지도록 창조되었으며, 이것은 당신의 개인적 목표를 통해 최대한도로 표출될 수 있다.

개인적인 경험

당신의 경험은 더없이 귀중한 자산이다. 따라서 당신의 삶을 형성해 온 과거의 일들을 조심스럽게 돌아보는 것은 매우 당연한 일이다. 워싱턴 D.C.에 있는 국립기록보관소 출입구 상단에는 다음과 같은 경구가 새겨져 있다.

"과거는 서곡이다."

다시 말해서, 과거는 자신의 미래를 예감할 수 있는 많은 중요한 교훈을 담고 있다. 성공과 실패 그리고 여러 배움의 경험들은 목표의 초점을 정하는 데 아주 유용한 도움이 되어 줄 것이다.

열정과 관심

당신의 개인적 목표는 당신을 가슴 뛰게 하고, 열광하게 하며, 기운을 불어넣어 주는 것들을 담고 있어야 한다. 당신이 진정으로 하고 싶은 것은 무엇인가? 당신은 무엇에 열광하는가? 다른 사람들이 당신에게 바라거나 기대하는 것에 초점을 맞추어서는 안 된다. 중요하지 않은 일에 만족하며 보내 버리기에 시간은 너무나 소중하다. 이렇게 되면 당신이 정말로 흥미롭게 여기는 일을 할 수 있는 건 퇴직 후 몇 년이라는 시간뿐이다. 당신의 개인적 목표는 내적 열망, 관심 그리고 열정과 전체적으로 맥을 같이 해야 한다.

또한 이 네 가지 요소들을 놓고 각각 검토할 때, 떠오르는 어떤 주제를 가시적으로 보기 시작해야 한다. 이 주제들은 당신의 개인적인 목표의 본질이다. 개인적인 목표를 발견하고자 노력하고 집중할수록, 이 주제들이 더욱 분명해지며, 현재 당신의 개인적인 목표에 대한 그림이 윤곽을 드러내기 시작할 것이다. 목표에 대한 현재의 이해가 분명해짐에 따라서, 당신이 추구하고자 하는 미래에 대한 그림을 상상하기 시작한다. 어디로 가고자 하는지, 그리고 그곳에 이르렀을 때 그것이 어떤 모습일 것인가에 관한 더 세부적인 아이디어를 가지게 될 것이다. 현재 당신이 위치하고 있는 곳에서 미래의 비전에 이르기 위해 무엇이 필요한지 심사숙고할 때, 당신은 성공을 위한 과정을 계획하는 길 위에 있다. 실제로 개인적인 목표의 성취는 개인적인 성공과 동의어라고 할 수 있다. 이 말의 의미를 좀더 상세하게 살펴보기로 하자.

성공하기를 바라는가

우리는 누구나 성공하기를 원한다. 성공하고 싶어하고 이러한 비전에 따라 행동하는 것은 인간의 타고난 본성이다. 하지만 자신의 이름을 널리 알리고 어떤 목표들을 성취하기 위해 질주할 때, 가쁜 숨을 잠깐 멈추고, 충분한 시간을 가지고, "내가 지금 성취하고자 하는 것은 과연 성공이라고 하기에 합당한 것인가?"라고 자문해 본 적이 있는가?

대중문화는 성공이란 가령 이런 것이라고 말해 주는 많은 예들을 제시하고 있다. 부의 축적, 프로 스포츠 분야에서 스타덤에 오르는 것, 조직을 이끄는 수장이 되는 것, 영화에 출연하여 2천만 달러의 출연료를 받는 것 등등. 이들 모두는 제각기 성공의 증거가 될 수는 있겠지만, 나는 이 가운데 그 어떤 것도 성공의 정확한 정의라고 생각하지 않는다. 그렇다면 성공에 대해 사고하는 올바른 방법은 무엇인가?

나는 보편적으로 받아들여지는 성공의 정의가 있다고는 생각하지 않지만, 성공은 개인적인 목표의 발견과 절대적으로 연관되어 있다고 믿고 있다. 다시 말해서, 성공한다는 것은 당신의 개인적인 목표를 발견하고 이 목표를 성취하는 삶을 살아가는 것과 전적으로 관련을 맺고 있다. 5년 간의 연구, 폭넓은 사고, 그리고 고명한 여러 학자들과 이어진 장시간의 토론에 입각하여 나는 이 결론에 이르렀다. 나는 다음과 같은 식으로 성공을 생각해 보라고 감히 말하고 싶다.

'다른 사람들과의 관계 속에서 자신의 개인적인 목표를 성취하며, 동

시에 원칙을 지키는 사람이 되는 것.'

이 정의를 자세히 살펴보자. 첫째, 이것은 성공에 대해 문화적으로 부여된 어떤 기준에 부합할 것을 요구하지 않는다. 결과적으로 당신은 완전히 독특한 방식으로 자유롭게 자신의 '요청'을 실행에 옮긴다. 얼마나 신선한가! 둘째, 이 정의는 세 가지 삶의 비전을 반영하고 있다 — 목표, 사람들 그리고 원칙들. 삶의 비전의 기본틀을 이용함에 있어 당신의 성공을 가늠하는 기준은 (1) 실제로 자신의 목표를 발견하고, 조화시키며 그리고 새롭게 만들어 가고 있는지의 여부 — 집에서, 일터에서 그리고 기타 자신이 속한 사회집단 속에서. (2) 그 과정에서 다른 사람들을 존중하고 격려하며 그리고 함께 나누는지의 여부. (3) 자신이 원칙을 지키고 당당한 인물이 되어 가고 있는지의 여부.

인생의 여정을 계속하는 동안, 당신은 이 세 가지 점검방법을 이용하여 진정한 성공을 향해 나아가는 과정을 평가할 수 있다.

이 성공의 정의는 간단하면서도 솔직하며, 효율적이다. 내가 지금까지 보아 온 많은 정의들 가운데에서도 이것은 성공이란 실제로 무엇인가 하는 정확한 정의에 가장 근접해 있다. 이 정의는 당신으로 하여금 자신만의 독특한 목표에 초점을 맞추고 당신에게 꼭 맞는 방식으로 이를 수행하도록 도와 준다. 자신이 빌 게이츠, 엘리자베스 돌, 마이클 조던 혹은 마더 테레사와 비교 당할까 봐 염려할 필요는 없다. 그리고 이것은 정말로 건강한 정의이다. 다른 사람들이 우리에게 영감이나 격려를 주기도 하지만, 다른 사람들로 인해 우리는 진정한 나 자신이 아닌

뭔가가 되어야 한다는 생각에 사로잡힐 수도 있다. 영웅들의 성취는 온전히 그들의 것이며 마찬가지로 당신도 자신만의 특별한 목표를 실행하고 그것을 일과 조화시킴으로써 성공을 거둘 수 있다. 이 진리를 이해할 수 있다면 이는 당신의 삶에서 가장 자유롭고 동기부여적인 힘을 발휘하는 것들 가운데 하나가 될 것이다.

동생 벤이 나에게 이러한 성공의 정의를 일깨워 주었다. 벤은 미드웨스트에 있는 교회의 담임목사이다. 처음 목회자의 길에 들어섰을 무렵, 벤은 목사로서의 역할에 있어 개인의 중요성에 의문을 가졌다. 그는 음악적 재능, 글을 쓰고 말하는 능력 그리고 특별한 예술가적 성향을 포함해 많은 재능을 가진 사람이다. 처음에 그는 목회활동에서 이러한 재능을 최대한 활용할 수 있을지 스스로 확신하지 못했다. 그는 다른 사람들이 자신들의 재능을 발휘하고, 즐거움을 누리며 많은 경제적인 수익을 얻는 것을 보며 자괴감을 느꼈다.

목회자로 남을 것인가에 대한 결정을 놓고 씨름하는 동안, 그는 예수의 삶에 대해 깊이 생각했다. 자신의 생명이 다해갈 때, 예수는 "다 이루었다"라고 선포했다. 이 선포는 그 당시의 성공에 대한 문화적 기준과는 명백히 대비되는 것이었다. 예수는 물질적인 것을 쌓지도 않았고, 어떠한 조직도 만들지 않았으며, 많은 이들에 의해 폭도이자 죄인으로 취급받았으며, 모욕적인 죽음을 맞이했다. 하지만 역사는 그가 위대한 성공을 거둔 인물임을 증명하고 있다. 그의 삶과 가르침은 수십억의 사람들에게 영향을 미치고 있다. 그는 자신이 하도록 보내진 일을 완수했기 때문에 성공한 인물이었다.

이렇게 곰곰이 생각하는 동안, 벤은 성공은 다른 사람들의 성취와 경험에 의해 정의 내려지는 것이 아니라는 사실을 깨달았다. 성공은 거대한 부, 걸출한 성취 혹은 명예라는 잣대로 가늠되는 것이 아니었다. 그보다 성공은 특별한 목표를 수행하고 다른 사람들의 삶에 영향을 미친다는 것을 발견했다. 벤은 자신이 있어야 할—자신의 특별한 재능을 나누고 다른 사람들을 위해 봉사하며 이기적인 동기를 초월하는—바로 그 자리에 있다는 사실을 깨닫게 되었다.

어떻게 목표를 발견할 것인가

목표를 발견하는 일은 인생에서 가장 모험적인 임무 가운데 하나이다. 자신의 개인적인 목표를 탐색하는 의도적인 과정에 발을 들여 놓으면서, 당신은 실제로 끝없는 탐색의 한가운데에 자신이 놓여 있다는 사실을 알게 될 것이다.

이토록 포괄적인 주제를 놓고 어디에서부터 시작해야 할지 가늠하기란 어려운 일이다. 나는 다른 사람들에게 조언을 해 주고자 노력하는 과정에서 기본틀을 쫓아가는 것이 목표발견의 과정 속에 담긴 중요한 내용을 이해하는 데 도움이 된다는 것을 알게 되었다.

목표와 그 속에 담긴 구성요소들 이해하기

개인적인 목표를 발견함에 있어 첫걸음은 목표가 무엇인가에 대해 전반적으로 이해하는 것이다. 이 책을 읽는 것은 이러한 광범위한 이해를 얻는 한 방법이 될 것이다. 이 장에서는 무엇이 목표인가 하는 문제와 그것이 목표가 된 이유에 관해 일부 소개하고, 다른 장들을 통해 좀 더 완성된 그림을 위해 필요한 여러 상황들을 제시하고자 한다. 또한 각 장의 말미에 첨부되어 있는 툴 키트는 목표에 대한 몇 가지 다양한 시각의 구체적인 설명이다.

서문에서 언급했듯이 목표는 삶의 비전이라는 커다란 기본틀 안에 들어 있을 때 훨씬 더 큰 의미를 지닌다. 그러나 우리는 이 시스템의 또 다른 중요한 요소인 사람과 원칙이라는 두 요소와 목표를 별개로 인식하는 실수를 종종 저지른다. 물리학자들은 이와 같은 시스템에 대해 이렇게 설명한다—이것들이 더 이상 단순하게 만들 수 없을 정도로 기본적인 것들로 이루어져 있다고 말한다.

이 설명이 의미하는 것은 이 시스템이 가장 기본적인 내용들로만 이루어져 있고, 이 가운데 어느 하나만 부족해도 기능을 하지 못한다는 것이다. 예를 들어, 흔히 볼 수 있는 쥐덫은 그것을 이루고 있는 기본적인 요소(나무틀, 용수철, 지렛대, 미끼 받침대) 가운데 어느 하나만 없어도 작동하지 않는다. 이것은 더 이상 단순하게 만들 수 없는 기본구조이다. 마찬가지로 삶의 비전도 충분히 기능하기 위해서는 이 세 가지 시스템 요소들이 모두 필요하다.

전체적으로 볼 때, 이 책에서 다루고 있는 개념과 실제들을 통해 당신은 개인적인 목표를 발견하기 위한 여정을 시작하여 지속적으로 이어가야 한다는 점을 이해할 수 있을 것이다. 당신의 이해의 폭이 커짐에 따라, 개인적인 목표에 대해 더 깊은 통찰력을 가지게 될 것이라고 확신한다. 결국, 이러한 통찰력이 당신의 꿈을 성취하기 위해 필요한 행동을 취하도록 인도할 것이다.

연습문제를 통해 신중히 탐색하기

목표에 대한 전반적인 이해만으로는 목표의 발견과정을 순조롭게 진행하기에 충분하지 않다. 각 장의 끝부분에 제시되어 있는 연습용 키트를 신중하게 완성한 후 다음 단계를 시작할 것을 권하고 싶다. 이 연습문제를 건너뛰고 싶은 생각이 들 수도 있겠지만, 반드시 이 탐색문제들을 신중히 생각하고 기록하는 시간을 갖기 바란다. 어느 하나라도 간과하고 지나간다면 이는 식당에 들어와서 메뉴를 보고 물을 한 잔 마신 후, 주문한 음식이 나오기도 전에 그냥 식당을 나와 버리는 것과 같다. 삶의 비전 발견에 대한 충분한 경험을 얻기 위해서 나는 당신에게 그 안으로 들어가는 정문 주변을 돌며 살펴보라고 말하고 싶다—연습할 것!

이 장의 끝에 첨부된 예행연습은 목표의 네 가지 분명한 요소에 중점을 두고 있다.

(1) 당신이 가진 기술, 재능 그리고 능력
(2) 당신의 성격과 기질
(3) 당신의 개인적 이력
(4) 당신의 열정과 관심

이것들은 삶의 비전을 발견하는 과정에 있어 실제 출발점이 된다. 각 장의 끝부분에 첨부되어 있는 삶의 비전과 조화의 여러 측면에 대해 탐구하는 부가문제들을 통해 이 네 가지 연습문제를 더 자세하게 이해할 수 있다. 자신의 발견과정에 대해 잘 이해하고 체계적일수록—모든 연습문제를 통해 탐색함으로써—결과적으로 더 나은 목표의식을 갖게 될 것이다.

다른 사람들과 사려 깊게 교류하기

목표발견 과정의 세 번째 요소는 다른 사람들과 사려 깊게 교류하는 것이다. 당신 혼자의 힘으로는 할 수 없지만 다른 사람들과 교류함으로써 얻을 수 있는 것이 있다. 스스로는 제대로 인식하지 못하지만 주변의 다른 사람들에게는 너무나 분명하게 보이는 당신에 대한 많은 부분이 있는 것이다. 예를 들어, 2년 전 나는 직장에서 내가 하는 행동이 다른 사람들에게 어떻게 받아들여지는지에 대해 의식하지 못했었다. 자신감과 확신에 차 있다고 스스로 생각했던 것과는 달리, 다른 사람들에게는 거만하고 타인에게 무관심한 사람으로 비쳐지고 있었다. 내가 실제로 어떤 인상을 주는지 깨닫게 된 것은 나의 동료들에게 관심을 기울이면서부터였다.

이와 비슷한 이유들로 인해, 많은 조직들이 인사평가에서 하급자, 동료 그리고 상급자들의 시각을 포함시키는 360도 피드백 프로그램을 채택하고 있다. 이런 형태의 프로그램을 통해 수집된 다각적인 견해는 직무수행능력 향상과 승진에 특히 유용하게 활용될 수 있다.

당신이 관계를 맺고 있는 사람들은—직장동료들, 가족 그리고 친구들—당신의 문제점과 가능성에 대해 자신들 나름의 시각을 가지고 있다. 목표의 발견과 관련하여 나는 이러한 시각들을 고려하는 것이 지극히 도움이 된다는 것을 알았다. 이들은 무언가 당신에게 도움이 될 수 있는 정보를 가지고 있다. 뿐만 아니라, 그 과정에서 심적으로나 정신적으로 당신을 지지해 줄 것이다. 그리고 이러한 지지가 어떤 면에서 훨씬 더 중요할 수도 있다!

삶의 비전 발견의 과정을 경험하는 한 가지 방법으로, 당신이 신뢰하는 사람들과 소모임—당신이 기꺼이 속하고 싶은 사회집단—을 구성하는 방법이 있다. 소모임이 갖는 치료효과는 많은 연구를 통해 입증된 바 있다. 이러한 환경을 조성함으로써 많은 사람들의 집약된 힘과 접할 수 있고, 자신의 개인적 목표점을 찾아가는 데 필요한 확신과 강한 의지를 얻을 수 있다. 소모임이 갖는 힘을 확신하고 있기 때문에 아내와 나는 15년 전부터 한두 가지 형태의 모임에 참가해 오고 있다.

다른 사람들로부터 자신의 능력으로는 할 수 없는 것을 이끌어 내어 자신의 삶의 비전의 발견과 개발에 적용하려는 노력은 충분히 그만한 가치가 있는 일이다. 나는 이를 신중히 고려해 볼 것을 권한다. 당신이 쏟아내는 많은 질문에 한두 가지밖에 대답하지 못한다 해도 가까이에서 당신을 지지하고 밀어 주는 사람이 두세 명이라도 있는가? 직장에서 그리고 다른 활동영역에서 당신의 대인관계를 살펴보라. 이 과정에서 누가 당신을 지지해 줄까? 존경하고 좋아하는 직장동료나 사적인 친구가 대개 귀중한 조언자가 되어 줄 수 있다.

행운과 신의 개입에 순응하기

앞에서 나온 목표발견의 세 요소들은 모두 당신이 대처할 수 있는 범위 내의 문제이다. 다시 말해서 이런 일들이 실제로 일어나도록 만드는 열쇠는 당신에게 있다는 것이다. 목표가 무엇인지 이해하기 위해 정보를 얻어야 하고, 귀중한 통찰력을 얻기 위해 신중하게 예행연습을 해야 하며, 당신이 관계를 맺고 있는 범주에 속하는 사람들을 발견의 과정에 동참시켜야 한다. 하지만 이 네 번째이자 마지막 단계는 실제로 당신에 관한 것이 아니다. 이것은 당신의 삶을 축복하는 행운과 신의 개입에 관한 것이다. 우리는 누구나 행운과 신의 개입을 받고 있다.

이 책의 의도는 신의 개입이 존재한다는 이론적이거나 철학적인 근거를 탐구하는 데 있지 않다. 많은 이들의 이야기를 듣기도 하고 나 자신이 직면했던 경험을 통해 나는 이미 그 존재를 충분히 확신하고 있다. 시속 60마일 이상으로 달리던 두 대의 자동차가 충돌하는 사고에서 멀쩡히 걸어 나왔다거나, 달려오는 차를 바로 앞에서 피할 수 있었던 나의 막내 아들, 가장 필요한 때에 부모님으로부터 기대치 않던 재정적 선물을 받았던 것, 어느 날 친구와 디즈니랜드를 걸어가다가 불현듯 영감어린 착상이 떠올랐던 일 등은 내 머릿속에 떠오른 행운과 신의 개입에 관한 몇 가지 예일 뿐이다.

나는 언제나 이 순간들을 조심스럽게 눈여겨보고 있다. 이런 일들이 일어나기를 고대한다는 뜻이 아니라 이런 일이 다가왔을 때 내가 적극적으로 응할 수 있기를 바란다는 의미이다. 나는 미래지향적인 삶의 비전에 대한 이해 속에 이러한 존재의 개입을 포함시키고 싶다. 무엇인가를 배우고 그 과정 속에서 감사하고 싶다. 그리고 당신도 이와 같기를 바란다.

이 특별한 개입은 개인적인 목표를 발견해 가는 당신에게 주어지는 선물이다. 이 선물들을 어떻게 받고 그것들을 둘러싼 상황에 어떻게 반응하느냐는 발견의 과정 속에서 당신이 하는 다른 모든 일들만큼이나 중요하다.

개인적인 목표발견의 네 가지 요소가 순서대로 진행될 필요는 없다. 분명 순조로운 방식으로 전개되지만은 않을 것이며, 그래도 괜찮다. 하지만, 목표를 반드시 발견해야 하기 때문에 나는 당신에게 목표에 이르기 위한 길을 하나하나 탐색해 볼 것을 권한다.

개인적인 목표—여정과 종착지

자신만의 특별한 목표를 이해하고 이것을 훌륭하게 성취하고자 하는 과정에서, 당신은 여정과 종착지의 역설에 직면하게 될 것이다. 나는 이 역설을 '점과 선'으로 부르고 싶다. 간단히 말하자면, '점'은 삶의 여정 속에서 성취하게 될 특정한 종착지를 대표한다. 종착지는 목적지를 의미한다—당신이 도착하고자 하는 특정한 지점. 이것은 특별한 목표와 그 목표를 성취해 줄 어떤 특정한 일에 초점을 두고 있다. 따라서 '점'은 특수성, 유일무이함, 그리고 대치 불가능성이라는 요소들로 특징 지워진다.

한편, '선'은 삶의 여정과 그 길을 따라 이어지는 사건들이 주는 기쁨을 의미한다. 당신과 관계를 맺고 있는 인간관계에 감사를 느끼고, 그것이 어떤 형태의 것이든 당신이 하는 일에 만족하는 것이다. 선은 마지막 결과라기보다는 경험의 과정에서 느끼는 기쁨이다. 나는 '점'과 '선'을 목표의 연속선상에 있는 양쪽 끝―그 사이에는 다양한 여러 지점들이 존재하는―이라고 생각하고 싶다.

점과 선의 연속성

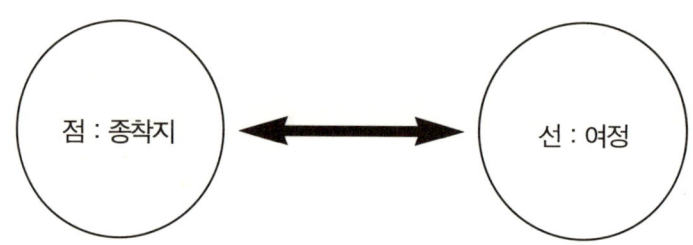

선―성장의 여정

연속선상의 우측에 선이 있다―삶의 경험을 누리고 그 길에서 필연적으로 주어지는 좋은 것들을 표본으로 삼는 것이다. 이 선의 핵심은 조지 버나드 쇼George Bernard Show가 한 말에 잘 반영되어 있다.

나는 삶을 그 자체로 기뻐한다. 내게 있어 삶은 결코 촛불이 아니다. 그것은 매 순간 내가 들고 있어야 하고 미래의 세대에 전해 주기 전까지 가능한 밝게 타오르도록 만들고 싶은 빛나는 횃불이다.

버나드 쇼가 지적하듯이 선은 삶 그 자체를 누리는 것을 뜻하지만, 이것이 혼자 살아가는 삶을 의미하지는 않는다. 오히려 개인적인 성장이자 다른 사람들에게로 이르는 삶을 뜻한다.

선을 가장 완벽하게 표현하자면, 여정의 현시점이 종착지라고 말할 수 있다. 다시 말해서, 특정한 종착지는 본질적으로 존재하지 않는다는 뜻이다. 당신이 발견해야 할 필요가 있는 특정한 일도 없고 헌신적으로 임해야 할 특정한 활동도 없다. 모든 일은 나름의 보답이 주어지기 때문에, 당신은 어떤 일이든 직업으로 택할 수 있다. 그 조직이 하고 있는 일을 믿고 그 과정에서 즐거울 수 있는 한 자신의 재능을 바칠 수 있는 조직을 당신은 선택할 수 있다.

점—종착지

연속선의 좌측에 점이 있다—삶에 대한 당신의 특정한 비전. 이것은 대개 당신의 일을 통해서 드러나는 특별하면서도 구별되는 일의 성취에 관한 것이다. 점에 초점을 맞춘 사람은 "이것은 내게 부여된 소명이며, 나는 이 특별한 목표를 향해 나아간다"라고 말할 것이다. 선에 초점을 맞춘 사람은 "나는 특별한 소명을 깨닫지는 못했지만, 오히려 삶 그 자체로 즐기는 것이 더 중요하다고 믿는다"고 말할 것이다.

점을 이해하는 가장 좋은 방법 가운데 하나는 이에 대한 가장 근본적인 형태의 표현을 찾아내는 것이다. 심리학자 빅터 프랭클 박사의 저서 〈인간의 의미를 찾아서Man's Search for Meaning〉에서 인용한 다음 글에 나타나 있듯이, 그는 가장 완벽하게 이에 관해 구체적으로 묘사하고 있다.

"모든 사람에게는 삶에 있어 성취를 요하는 구체적인 과제를 실행에 옮겨야 할 자신만의 특별한 사명 혹은 임무가 있다. 이 점에 있어 그는 다른 누구로 대치될 수도, 자신의 인생을 반복할 수도 없다. 따라서 모든 사람에게 주어진 일은 그것을 수행할 수 있는 특정한 기회만큼 특별하다."

프랭클 박사는 제2차 세계대전 기간 동안 독일에서 활동했던 저명한 심리학자다. 그의 삶은 수백만 명의 유태인 동족들과 함께 나치 집단수용소에서 잔인하게 짓밟혔다. 그는 혹독한 고역을 견뎌 낸 몇 안 되는 죄수들 가운데 한 사람이었다. 사형을 가까스로 모면한 대부분의 수용자들이 강제노역으로 인해 죽음을 당하거나 스스로 목숨을 끊는 상황에서, 겨우 몇 명만이 소중한 목숨을 부지했다. 프랭클 박사는 상상할 수도 없는 끔찍한 상황 속에서 과연 무엇이 몇 명의 죄수들을 살아남게 했는지를 주의 깊게 관찰했다. 살아남은 사람들은 자신들의 삶에서 아직 성취하지 못한 특별한 목표를 가지고 있었고, 이것이 바로 생존과 죽음을 가르는 척도가 되었다.

개개인의 삶이 점, 다시 말해서 특별한 운명을 가지고 있다는 것을 입증할 수 있는가? 없다. 하지만 역사적으로 가장 위대한 성취를 이룩했던 이들 가운데 매우 특별한 목표를 향한 열정을 가진 사람들이 많이 있다.

우리가 알고 있는 평범한 일상을 사는 사람들과 역사적으로 위대한 인물들의 삶을 들여다보면, 특별한 목표와 관련한 몇 가지 일반적인 결론을 이끌어 낼 수 있다. 다음에 나오는 몇 가지 요소들은 특별한 운명 혹은 점이 무엇인지 설명하는 데 도움이 될 것이다.

- 특별한 운명을 성취한다는 것은 당신이 항상 원했던 것, 혹은 하고자 꿈꾸어 왔던 것을 하며 살아가는 것이다. 정치, 비즈니스, 종교, 과학 그리고 학문 분야에서 업적을 쌓은 인물들의 전기를 읽어 보면, 이들은 미래를 향한 꿈을 가지고 있었다는 사실이 분명히 나타난다. 흔히 이들은 매우 젊은 시절부터 이러한 열망을 키웠다. 예를 들어, 윈스턴 처칠이 언제나 청년과 같은 강한 용기를 보여줄 수 있었던 것은 자신의 운명이 세계적인 지도자라는 믿음에서 비롯된 것으로 알려져 있다. 지난 2세기에 걸쳐 가장 위대한 신학자 가운데 한 사람으로 꼽히는 오스왈드 챔버스는 자신을 특별한 사명을 가진 젊은이라고 여겼다. 이러한 현상은 소명, 운명, 인식, 큰 꿈, 천명 등의 여러 다양한 이름으로 부를 수 있다. 이런 소명의식 혹은 운명의식은 역사적인 위대한 성공의 이야기들에만 한정되지 않는다. 당신과 나처럼 일상의 평범한 사람들도 아주 흔하게 이와 동일한 느낌 혹은 인식을 경험한다. 인류에 대한 우리의 헌신이 유명 인물만큼 눈에 띄지는 않지만, 우리도 우리를 둘러싸고 있는 인간관계 범

위 내에서 확연한 차이를 만들어 낼 수는 있다.

- 기회와 준비가 만나는 지점에서 운명은 성취된다. 운명이란 명확하게 지속적으로 존재하며, 바로 그 시간 그 장소에 있는 것을 뜻하는 것이 아니다. 특별한 목표의식과 함께 운명은 비교적 여러 해 동안 모호한 가운데 요동을 친다. 운명이 '발견되었을 때', 바로 그 시기에 그 장소에 있었던 것처럼 보일 뿐이다. 실제로 오랫동안의 준비와 반복되는 시도 그리고 인내가 역사적인 위대한 성공 뒤에 존재하는 것이다. 토머스 제퍼슨Thomas Jefferson은 "나는 행운을 굳게 믿는다. 그리고 내가 열심히 할수록 더 많은 행운이 찾아온다"고 말하곤 했다.

- 삶이 우리를 제어하고 운명은 삶을 제어한다고 말한다. 인생에서 사건이 일어나면 이에 반작용하는 것이 아니라, 우리는 특별한 목표의 틀 속에서 적극적이고 긍정적으로 이 사건들을 전개한다. 이것은 특별한 운명의식을 가진 사람의 진정한 특징이다. 이들은 삶의 장애나 도전이 자신들을 다른 길로 밀어내도록 내버려 두지 않는다. 그들은 상황이라는 테이블에 앉아서 자신들이 추진해 오던 과정을 계속할 수 있는 방법을 생각한다.

- 운명을 성취하는 일은 어느 정도의 위험을 감내하는 것은 물론 신념을 행동으로 옮길 것을 요구한다. 미래에 대한 우리의 비전을 확

신케 하는 현재의 증거는 결코 많지 않다. 이것은 특별한 운명의 성취 속에 위험이 내포되어 있다는 것을 의미한다. 목표를 가진 사람은 자신의 목표를 충분히 파악하기 위해 자신이 속한 환경이라는 '봉투'를 뜯는다. 그들은 현 상황에 만족하지 않는다. 라이트 형제는 공기를 가르며 비행하기 위해 수년 동안 노력했다. 자신들의 꿈을 현실과 바꾸기에는 분명 위험이 도사리고 있었지만, 그럼에도 불구하고 그들은 앞으로 나아갔고, 오늘날 우리는 그들이 행한 신념의 결실을 누리고 있다.

여정과 종착지 사이에서의 긴장감

그렇다면 어느 쪽인가? 당신은 특별한 운명을 가지고 있는가? 아니면 특정한 종착지가 없이 삶의 여정을 지속하고 있는가?

분명 삶의 여러 시기들은 연속선의 양쪽 측면을 모두 보여 준다. 하지만 인생의 썰물과 밀물이 교차하는 동안, 당신은 어쩌면 특정한 종착지보다는 여정을 더 의식하게 될 것이다. 이것은 당연하다. 또한 좀더 구체적인 것, 오로지 당신이 할 수 있는 어떤 일을 어렴풋하게나마 인식했을 수도 있다. 어쩌면 심오한 방식으로 꿈을 추구하도록 격려하는 시금석이 될 만한 특별한 것과 직면했을 수도 있다. 만약 그렇다면, 당신은 점과 선의 역설 한가운데에 존재하는 일종의 긴장감을 경험했을지도 모른다.

점과 선 모두 타당해 보여서 어느 것을 부여잡아야 할 지 확신하기 어렵다. 자신이 하도록 되어 있는 특별한 어떤 일이 있다고 당신은 믿고 싶지만, 삶은 궁극적인 결과가 아니라 경험으로 인해 살아지는 것이라고도 생각한다. 이러한 긴장감은 당신의 선택과 인생관을 형성하는 강력한 힘이 된다.

아마도 당신은 살아오는 동안 점에 관해 아무런 암시를 받지 못했을 수도 있다. 그래도 나는 당신에게 아주 잠깐 동안만이라도 연속선상에서 점을 향해 나아갈 것을 권한다. 점을 향해 나아가면서 자신의 삶을 위한 특정한 목표에 대해 질문을 던지게 된다는 것을 알게 될 것이며, 질문에 대한 해답을 발견했든 아니든 여부와 상관없이 당신은 보다 나은 삶을 살게 될 것이다.

당신은 여정 한가운데 있다

1912년 1월 남극모험을 떠난 후 기록한 보고서에서 로버트 팔콘 스코트Robert Falcon Scott's는 하얀 안개와 하얀 눈이 뒤섞여 있었던 기상상황에 관해 적고 있다.

지평선조차 보이지 않았다. 눈을 들어 아무리 둘러보아도, 끊임없이 이어지는 백색의 천지일 뿐이었다. 썰매를 타고 앞으로 나아가는 동안 어디를 향해 가고 있는지 말해 줄 수 있는 것은 아무 것도 없었다. 얼마 가지 않아, 번번이 지나갔던 길로 다시 되돌아오곤 했다. 앞을 향해 가고 있다고 믿고 있었지만, 실제로는 큰 원을 그리며 주변을 맴돌고 있었다. 이 문제를 해결하기 위해 우리는 시선을 고정시킬 수 있도록 정남향으로 눈 뭉치를 던지기 시작했다.

여러분 가운데 남극으로 탐험대를 이끌고 떠날 사람은 없겠지만 실제로 당신은 이와 같은 여정 가운데 있다. 그리고 스코트 대장처럼 미래를 향해 나아갈 때 시선을 고정시킬 것을 필요로 한다. 여정이 끝날 무렵 자신의 삶이 보람 있었다—제자리를 맴돌며 다닌 것이 아니었다—고 믿고 싶다. 이것이 바로 삶의 비전의 발견이다. 현재와 미래의 목표를 이해하기 위해 깊이 탐구하는 것, 당신이 맺고 있는 인간관계와 이 속에서 당신의 역할을 반추하는 일, 당신이 하는 일과 그 일이 얼마나 의미 있는지 생각하는 것. 이러한 질문들을 던지고 대답을 구하는 과정을 시작할 때, 당신의 삶의 비전은 형성되기 시작한다.

예수는 "구하라 그러면 얻을 것이요, 찾으라 그러면 찾을 것이요, 두드려라 그러면 열릴 것이다"라고 말했다. 이제 구할 시간이다! 찾을 시간이다! 두드릴 시간이다!

연습문제 1 기술, 재능 그리고 능력

당신이 가진 기술, 재능 그리고 능력은 당신의 개인적인 목표에서 없어서는 안 될 것들이다. 어떤 영역에 있어서는 천부적으로 타고난 것이 있는가 하면, 노력을 통해 특별한 기술을 얻거나 핵심적인 경쟁력을 쌓아 온 것이 있다. 이제 시간을 내어 다음 질문에 대답하기 바란다.

1. 당신의 타고난 능력이나 재능은 무엇인가?
2. 노력을 통해 획득하거나 만들어 온 당신의 특정한 기술과 경쟁력은 무엇인가? 자신의 신조, 대인관계를 이끌어 가는 기술, 기술적인 경쟁력, 지도자적인 능력 등을 목록으로 작성한다.
3. 당신의 또 다른 장점은 무엇인가?
4. 다른 사람들은(특히 당신과 가장 가까운 사람들) 당신에게 어떤 자질

이 있다고 보는가?
5. 당신은 어떤 영역에서 가장 곤란을 겪는가?
6. 지난 해에 자신에 대해 어떤 것을 알았는가? 지난 5년 동안은?
7. 삶의 어떤 부문에서 운명을 느끼는가?
8. 이전에 꽤 잘해내곤 했었지만, 지금은 그 일에 거의 시간을 들이지 않는 것이 있는가?

연습문제 2 **성격과 기질**

자신의 내적 기록체계인 성격과 기질에 관해 생각해 보라. 개성, 행동 및 감정적인 경향, 태도, 특징, 그리고 당신을 현재의 실제 당신으로 만드는 습관들이 복잡하게 얽혀 있다.

1. 자신의 성격 중 어떤 부분을 긍정적이라고 생각하는가? 부정적인 점은?
2. 당신을 재충전하게 만드는 것은 무엇인가?
3. 어떻게 결정을 내리는가?
4. 성격분석 검사나 행동유형 검사 등을 받아 본 적이 있는가? 있다면, 어떤 결과가 나왔는가?
5. 실제의 당신을 묘사함에 있어 상술한 검사가 얼마나 정확하다고 생각하는가?

6. 사람들과 어떻게 관련을 맺는가가 왜 중요하다고 보는가?

7. 다른 사람들은 당신의 성격에 대해 어떻게 말하는가?

연습문제 3 **당신의 개인이력**

자신의 개인 이력을 살펴보는 것은 개인적인 목표를 이해함에 있어 중요한 사항이다.

1. 출생부터 현재에 이르기까지 시기별로 삶의 도표로 만들고, 중요하거나 기억할 만한 일들을 도표에 표시한다.

2. 자신의 삶의 과정을 되돌아 볼 때, 눈에 띠는 중요한 것들은 무엇인가? 중요한 변화가 나타난 시기가 있었는가? 삶에서 무엇이 중요한 결정요인이었는가? 어떤 패턴이 나타나는가?

3. 어린 시절에 있었던 사건들 중, 당신에게 강한 인상을 남겼거나, 당신을 변화시켰거나, 상처를 주었거나 혹은 영감을 불어넣어 주었던 일이 있었는가?

4. 초등학교 시절과 어린 시절에 종교적인 훈련을 받았는가? 그 일은 그 당시와 지금 당신의 세계관에 어떤 영향을 미쳤는가?

5. 선조들의 삶 가운데 중요한 업적이 될 만한 일이 있었는가?

6. 혈통을 거슬러 올라가다 보면 어떤 패턴이 눈에 띠는가?

7. 당신의 삶 중에서 당신에게 중요한 영향을 미치는 주요한 결정사

항이나 사건들은 무엇인가?
8. 청소년기에 당신은 특히 어떤 일에 재능을 보였는가?
9. 당신이 경험한 삶의 가장 큰 변화를 꼽는다면?
10. 당신이 성장한 지역이 당신의 세계관, 삶과 미래에 대한 신념에 영향을 미쳤는가?
11. 청소년기에 당신이 항상 꿈꾸었던 것은 무엇인가?

연습문제 4 **당신의 열정과 관심**

이것은 당신을 들뜨게 하고, 열광시키며 그리고 기운이 솟게 하는 것들이다. 당신이 정말로 하고 싶은 것은 무엇인가? 당신의 개인적인 목표는 자신의 내적인 열망과 관심에 전적으로 연관을 맺고 있어야 한다.

1. 당신의 눈을 밝게 빛나도록 만드는 것은 무엇인가?
2. 삶의 어떤 부분에서 당신은 가장 기운이 샘솟는가? 그리고 당신에게 가장 큰 기쁨을 주는 것은 무엇인가?
3. 결코 실패하지 않을 한 가지 일이 있다면 무엇인가?
4. 5년 혹은 10년이 흐른 다음, 어떤 일을 하고 있기를 원하는가?
5. 당신의 삶을 살펴볼 때 가장 가치 있었던 행동들은 무엇인가?
6. 당신이 정말로 즐거워하고 가장 흥미롭게 여기는 관심거리나 활동은 무엇인가?

Chapter 2
삶은 단독비행이 아니다

> "험난하고 분열된 복잡한 세상 속에서, 실패와 성공의 문제들 속에서, 특히 우리 개인의 삶의 기쁨과 비극 속에서, 우리는 서로에게 이르러야 한다. 이 '이름'은 지금 이대로의 우리들 마음속에 있다."
>
> ─맥스 드프리Max Depree의 《리더십은 예술이다Leadership is an Art》 중에서

나는 가난한 사람이 부자가 된 이야기, 혹은 부지런한 노력과 독창성을 통해 성공을 거둔 사람들의 이야기를 좋아한다. 하지만 한 가지 나를 편치 않게 하는 것이 있다. 이런 사람들이 어떻게 '자수성가' 했는지에 관해 얼마나 자주 들었는가? 아마 셀 수 없이 많이 들었을 것이다.

하지만 말 그대로 정말로 자력으로 성공한 것은 아닐 것이다. 실제로, 대표적인 몇 가지를 꼽자면 우리는 부모님의 영향, 가족제도, 교육제도, 매스컴 그리고 조직화된 종교의 산물이다. 다른 식으로 표현하자면, 우리의 능력과 천부적인 재능, 우리의 사고체계와 공헌할 수 있는 능력 모두를 다른 사람들과 공유하고 있다. 우리는 우리를 보살피고, 가르치고 사랑해 준 사람들로부터 감화를 받고 영향을 받는다.

알랜 로이 맥기니스Alan Loy Mcginnis의 저서 〈사람들에게 가장 좋은 것을 가져다 주는 일Bringing Out the Best In People〉에 나오는 산드라 데이 오코너Sandra Day O'connor의 이야기를 읽어 보자.

레이지 비 목장은 뉴멕시코와 아리조나 주 경계지역에 있는 260㎡에 이르는 땅으로 1881년부터 줄곧 데이의 소유였다. 해리와 아다 마에 데이의 사이에서 산드라가 태어났다. 점토로 지어진 네 칸짜리 집은 수돗물도 나오지 않았고 전기도 들어오지 않았다. 이런 빈약한 환경 속에서 산드라의 미래는 누가 보기에도 암담하기만 했다.

하지만 해리와 아다 마에는 환경이 자신들을 구속하는 것을 용납하지 않겠다고 다짐을 했다. 해리는 아버지의 죽음으로 인해 스탠포드 대학으로의 진학을 접고 어쩔 수 없이 목장을 떠맡아야 했지만, 언젠가 자신의 딸이 그 학교에서 공부하도록 만들겠다는 희망을 버리지 않았다. 그리고 아다 마에는 보그지紙와 뉴요커 지 같은 대도시에서 발행되는 신문과 잡지들을 꾸준히 구독했다. 산드라가 네 살이 되었을 때, 아다 마에는 직접 가정교사를 자청했고, 후에 산드라가 가장 좋은 기숙학교에 입학하는 것을 지켜볼 수 있게 되었다. 산드라의 남동생 알랜은 어느 해 여름, 부모님이 누나와 자신을 차에 태우고 미시시피 강을 끼고 있는 서부의 모든 주정부 건물을 둘러보기 위해 자동차로 여행한 적이 있다고 술회한다.

"우리는 마침내 집으로 돌아오기까지 모든 주정부 건물의 꼭대기 층에 올라갔다 왔어요."

산드라는 스탠포드에 들어갔고, 다시 로스쿨에 들어갔으며, 드디어 미국에서 첫 여성 대법원 판사가 되었다. 그녀가 대법원 판사 선서를 하던 날, 데이 일가가 그곳에 함께 있었다. 선서식이 진행되는 동안 알랜은 누나가 대법원 판사 가운을 입고 있는 것을 가까이서 지켜보다가, 판사들 사이에 앉아 있는 누나에게 걸어갔다.

"누나는 주변을 둘러보더니 가족들을 발견하고는 눈을 떼지 않았죠. 그리고는 곧 눈물을 흘리기 시작했어요."

산드라 데이 오코너와 같은 여성이 지금의 자리에 이를 수 있도록 만든 것은 무엇일까? 지적 능력, 강한 내적 추진력. 물론 모두 맞는 말이다. 하지만 한밤중에 점토로 만든 집에서 일어나 앉아 굳은 결심을 한 목장의 여자아이, 항상 자신의 아이들에게 책을 읽어 주고 아이들의 손을 이끌고 주정부 건물의 꼭대기까지 계단을 올랐던 부모님이 그 영예와 연결되어 있다.

우리의 개인적인 목표는 항상 다른 사람들에 의해 풍요로워지고 영향을 받는다. 삶은 단독비행이 아니다. 우리는 무엇인가를 이룩하고 세상을 더 나은 곳으로 만들고자 하는 바람을 가지고 의미로운 관계들 속에서 다른 사람들과 서로 영향을 주고받으며 살고 있다.

하지만 개인적인 목표가 다른 사람들과의 관계 속에서 연관을 맺으며, 그리고 함께 노력하는 과정 속에서 이루어진다고 생각하면 한편으로는 편치 않은 기분이 들지도 모른다. 우리는 스스로를 자신의 능력으로 인해 성공한 인물로 생각하고 싶어한다. 그러나 이것은 옳지 못한 생각이다.

실제로, 우리에게 진정한 성공을 경험하게끔 하는 것은 다른 사람들과 함께, 다른 사람들을 통해서, 그리고 다른 사람들을 위해서 기울인 우리의 노력이다.

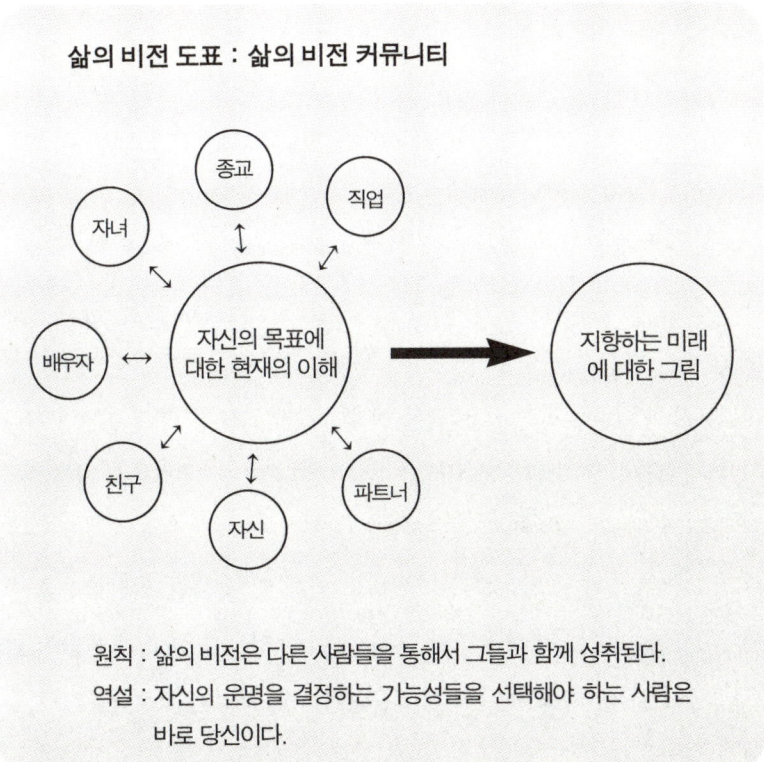

이제 우리의 목표와 다른 사람들과의 상호관계를 살펴보도록 하자. 자신이 속한 삶의 비전 커뮤니티들을 정확하게 이해하는 것은 개인적인 목표를 이해하는 데 아주 중요하다.

사실, 개인적인 목표에 대한 이해는 자신의 삶의 비전 커뮤니티에 대한 이해와 별개로 분리되어서는 안 된다. 모든 삶은 다른 사람들과 함께 그리고 그들과의 관계를 통해서 경험되기 때문이다. 이런 이유로 인해 우리의 개인적인 목표는 현재의 중요한 인간관계와 따로 분리되지 않고, 오히려 밀접하게 연관되어 있다. 달리 표현하자면, 우리들 각자의 삶의 비전 커뮤니티는 특별한 방식으로 개개인의 개인적인 목표에 영향을 미친다. 개인적인 목표의 경험을 그만큼 충만하게 만들 수 있는 것은 바로 이러한 양방향적이고 역동적인 상호영향이다.

우리의 목표는 확실히 우리의 연관관계 속에서 찾아진다. 그러나 자신의 삶의 목표를 획득하는 궁극적인 책임은 당신에게 있다. 바로 자신의 미래에 영향을 미치는 여러가지 힘겨운 선택에 직면해야 할 사람은 바로 당신인 것이다. 당신을 위한 선택권을 다른 사람들에게 넘기거나 다른 사람들이 결정하도록 내버려 두는 것은 자신의 미래를 만들어야 할 특권과 책임을 박탈당하는 것이다.

그렇다면, 언제 개인적으로 행동하고 언제 다른 사람들에게 손을 뻗어야 할까? 이것이 바로 역설이다. 연속선의 양극단에 고뇌가 숨어 있다. 우리는 자신 속에 빠져서 자기중심적이 될 수도 있고, 다른 사람들에게 지나치게 의존적으로 될 수도 있다. 두 경우 모두 바람직하지 않으며, 우리는 그 가운데에 있는 최적의 지점을 발견해야 한다.

토니와 신디 이야기

이 책을 쓰는 동안, 목표에 영향을 미치는 삶의 비전 커뮤니티 현상을 직접 보게 되었다. 토니와 신디의 이야기는 삶의 비전 커뮤니티가 우리의 개인적인 목표에 대해 가지는 유의미한 상호영향 사이에서의 갈등이 건강한 긴장감을 만들어 낸다는 것을 잘 보여 주고 있다.

토니는 샌디에이고에서 내가 팀장으로 있었던 컨설팅 팀의 일원이다. 그와 그의 아내 신디는 약 1년 반 전에 미드웨스트에서 이곳으로 옮겨왔다. 모든 일이 순조로웠다. 그러다 첫 아이가 태어나면서 토니와 신디는 예전에 살던 곳으로 다시 이사를 갈 지 말 지를 놓고 고민하기 시작했다.

이런 종류의 결정을 해야 할 때 일반적인 해결방법은 미드웨스트로 돌아감으로써 생기는 긍정적인 면과 부정적인 면들을 일목요연하게 목록으로 만드는 것이다. 모든 것들을 목록으로 뽑아 놓으면 어느 항목이 더 긴지 나타나게 된다. 나는 이런 식으로—재정적인 문제, 승진의 기회, 기후와 여가생활의 즐거움, 가족문제 등 문제들의 긍정과 부정 양쪽 측면의 무게를 가늠하는 것—세밀하게 결정을 해 나가는 사람들을 그동안 많이 보아 왔다.

나는 토니에게 약간 다른 시각으로 문제를 바라볼 것을 제안했다. 그 문제를 놓고 그의 삶과 삶의 비전 커뮤니티를 위한 구체적인 목표를 생각해 볼 것을 권했다. 토니와 신디에게 어느 커뮤니티가—샌디에이고에 있는 커뮤니티와 미드웨스트에 돌아갔을 때의 커뮤니티 중에서—그의 개인적인 목표의 성취에 더 도움이 될 것인가를 고려해 보라고 말했다. 다시 말해서, 개인적인 목표와 삶의 비전 커뮤니티를 결정의 중심에 놓고 생각하라는 것이었다.

그것은 어려운 결정이었다. 미드웨스트로 돌아가면 사랑하는 가족과 힘이 되어 주는 많은 친구들이 있었다. 이것은 결코 소홀히 생각할 수 없는 요인이다. 우리는 사랑하는 가족들에게 둘러싸여 있다는 따뜻함과 기쁨에 잇닿아 있다. 이것은 특히 새로 아기가 태어나서 방정식의 한쪽 변을 차지하게 되면 보다 중요한 요인이 된다. 한편으로, 샌디에이고에는 직업적·개인적인 발전의 기회가 있었다. 미드웨스트에 있는 가족이라는 커뮤니티만큼 잘 형성되었다고는 할 수 없었지만, 샌디에이고에 남아 있음으로써 얻는 이점은 상당했다. 어느 쪽을 선택해야 할까?

토니와 신디의 삶의 비전 커뮤니티가 그들의 결정에 영향을 미치기는 하지만, 결과적으로 선택은 그들 자신에게 있다. 자신들이 내린 결정이 가져올 결과와—긍정적이든 부정적이든—함께 살아야 할 사람은 그들인 것이다. 삶의 비전 커뮤니티와 최종 선택을 해야 하는 역설은 바로 내 앞에서도 일어나고 있다! 결국, 그들은 몇 년 동안 샌디에이고에서 살기로 하고 몇 가지 방법을 다시 찾아보기로 결정했다.

토니와 신디는 다음 두 가지 중요한 질문을 곰곰이 생각함으로써 자신들이 내려야 할 결정에 집중할 수 있었다.

"나의 개인적인 목표는 무엇인가?"

"전체 그림 속에서, 어떤 인간관계가 나의 개인적인 목표를 촉진시키는 데 도움이 될 수 있는 중요한 열쇠인가?"

이것은 바로 우리들 모두가 각자에게 던져야 할 질문이다. 어떻게 할 것인지 방법을 생각해 보자.

삶의 비전 커뮤니티와 목표

삶의 비전 커뮤니티가 당신의 목표에 어떤 부분을 차지하는가에 대한 이해는 이것들을 개별적으로 자세히 들여다보는 것으로부터 시작된다. 당신의 삶의 비전 커뮤니티는 현재 당신이 속해 있는 개별적인 인간관계들로 이루어져 있다. 우리들 대부분은 대략 아래와 같은 삶의 비전 커뮤니티를 가지고 있다.

- 당신과 자신
- 당신과 직업
- 당신과 파트너

이 삶의 비전 커뮤니티들은 모두 제각기 중요한 역할을 한다. 하지만, 우리들 가운데 "나는 무슨 커뮤니티의 일부분인가?" 그리고 "나의 목표를 성취함에 있어 각각의 커뮤니티는 어떤 역할을 하는가?"라고 자문하는 경우는 거의 없다. 이들은 매우 신중하게 생각해 보아야 할 문제이며, 이것은 우리가 반드시 짚고 넘어가야 할 일임을 잊지 말자.

당신과 자신

우리는 첫 번째 삶의 비전 커뮤니티에는 상당히 민감하지만, 자신과 자신의 커뮤니티를 흔히 간과하곤 한다. 우리 모두는 제일 처음 자기 자신과 관계를 맺는다. 그렇기 때문에 자기 자신을 먼저 알아야 한다―자신의 강점과 약점, 좋아하는 것과 싫어하는 것들을.

우리가 우리 자신과 얼마나 건강한 관계를 유지하고 있는지 가늠하는 일이 무엇보다 중요하다. 스스로를 얼마나 잘 알고 있는가? 다른 사람들은 우리에 대해서 어떻게 말하는가? 그들의 생각에 동의하는가? 내면에 건강하고 확고한 가늠자를 가지고 있는가? 아니면 불안하고 걱정스럽게 느끼는가? 만약 이 삶의 비전 커뮤니티 속에서 많은 근심스런 점들이 보이거나 느껴진다면, 더 멀리 나아가기 전에 먼저 해야 할 일들이 많다. 자기 확신, 자기존중 그리고 자신에 대한 사랑은 당신이 속한 다른 삶의 비전 커뮤니티와 건강한 관계를 확립할 수 있는 단단한 기초다.

자신과의 관계를 돈독히 함에 있어 마음, 감정, 신체 그리고 정신 등의 다양한 측면들을 염두에 두는 것이 도움이 될 것이다. 이 요소들은 당신이 가진 각기 다른 측면들을 보여 준다. 이들은 함께 진정한 당신을 이루고 있다. 한두 가지 측면만을 들여다보는 것만으로는 당신에 대한 완벽한 그림을 얻을 수 없다.

대부분의 사람들은 마음, 감정 그리고 정신의 어떤 부분들을 내밀히 들여다보는 것을 원하지 않는다. 그럼에도 불구하고 이것은 반드시 꼼꼼하게 짚고 넘어가야 할 측면들이다! 현재 당신이 어떤 사람인지 깊이 있게 이해하기 시작할 때, 당신은 훨씬 더 충만한 삶을 경험하게 될 것이다.

우리의 개인적인 측면 하나하나를 개발하는 데 투자하는 시간은 다른 삶의 비전 커뮤니티 속에서 흡족하게 보답을 받을 것이다. 우리 스스로가 건강할 때, 또 다른 역할이 생기와 활력을 띠게 된다.

나는 매주 나의 개인적인 영역 하나하나를 강하게 만드는 데 주의를 기울였다. 신체적인 운동이든 사색에 잠기는 조용한 시간이든 혹은 독서든, 항상 개인적인 모든 측면들의 폭을 확장시키고자 노력했다. 결과적으로 함께 일하는 동료가 가진 문제에 귀기울이는 태도, 아내와의 깊이 있는 대화, 혹은 교회를 위한 영적인 도전 등 다른 사람들을 위해 무엇인가를 해 주는 형태로 나타난다는 것을 알게 되었다. 이렇듯 나 자신과의 관계에서 건강해지고자 노력했고, 이로 인해 얻은 선물들을 나와 관계를 맺고 있는 사람들에게 나누어 줄 수 있게 된 것이다.

이렇게 말한다고 해서 내가 나 자신과의 관계 속에서 모든 것이 평탄한 것은 아니다. 예를 들어, 나는 감정의 평형상태를 유지하는 것을 어려워했고, 쉽게 화를 냈다. 나는 직장에서 무슨 일을 하든 그것이 완벽하게 될 때까지 결코 만족하지 않았다. 동료들보다도 나 자신에 대해 굉장히 엄격했다. 이러한 완벽주의자적인 결함은 나로 하여금 많은 시간과 정력을 요구했으며, 나는 항상 여기에 빠져 있었다.

당신과 마찬가지로, 개인적인 차원에서 내가 직면하고 있는 도전과제는 이외에도 많이 있다. 이에 대해서는 뒤에서 좀더 자세하게 살펴보기로 하자.

당신과 일

가장 중요한 삶의 비전 커뮤니티 가운데 하나가 바로 당신과 일과의 관계다. 전문가들이 조사한 바에 따르면, 우리는 우리에게 주어진 시간의 약 60%를 직장에서 보내거나 이를 준비하는 데 보내고 있다고 한다. 이렇기 때문에, 당신과 일이라는 삶의 비전 커뮤니티는 대개 당신의 삶의 목표에 절대적으로 관여한다. 이 중요한 삶의 영역에서 타협해서는 안 되지만, 불행히도 우리 가운데 많은 사람들이 그렇지 못하고 있다.

생활을 영위하는 방편으로, 다른 무언가를 위한 발판으로, 주말과 주말 사이에 일어나는 일쯤으로 여기는 시각은 가지각색이다. 일에 대한 더욱 편협한 시각은 오늘날 너무나 만연해 있는 "드디어 월요일이다, 신이여 감사합니다!"와 같은 현상이다. 간단히 말해서, 마땅히 그렇게 되어야 함에도 불구하고 일이 성취를 향한 경험이 되지 못하고 있다. 그렇게 될 때 그것은 단순히 직업에 머무를 뿐이다. 우리는 산더미 같은 일로부터 벗어나기 위해 주말을 기다린다.

하지만 이와 같은 "드디어 월요일이다, 신이여 감사합니다!"식 접근법은 일이 우리의 삶의 목표와 맥을 같이 하고 자신이 속한 조직과 조화를 이룰 때 일이 해 줄 수 있는 보상적인 경험을 간과하는 것이다. 당신이 이 책을 손에 든 것은 바로 이러한 이유 때문이다.

많은 직장인들이 가진 다음의 네 가지 유형의 각기 다른 시각을 통해 일을 들여다보도록 하자.

- **의무로서의 일** 일에 대한 가장 일반적인 시각이다. 하지만 이것은

네 가지 가운데 가장 편협하고 성취욕구가 저조하다. 대체로 돈을 벌어서 가족을 부양하기 위해 일을 한다.

- **직업으로서의 일** 이 수준에서의 일은 의무 이상으로 여기고 있는 것이다. 하지만 당신이 반드시 그 속에서 성장하고 발전하는 것은 아니다. 직업으로서의 일은 어느 정도의 성취와 성과에 대한 인식을 담고 있지만, 말 그대로의 성취나 성과에는 못 미친다.

- **경력으로서의 일** 이것은 앞에서 언급한 두 가지보다 더 의미 있고 중요한 일이다. '경력으로서의 일'을 다른 말로 하면 전문직업이다. 여기에서의 일은 무엇보다 당신에게 중요하며, 당신이 성장하기 위해 그리고 자신의 기술과 능력을 향상시키기 위해 부지런히 노력한다. 여기에서의 일은 경제적인 수입뿐 아니라 정신적·감정적 만족도 부여한다.

- **천직으로서의 일** 이 수준에서의 일은 당신의 재능, 특별한 운명의 성취가 된다. 이것은 당신이 가장 의미있는 수준에서 '자아실현'을 추구하고 있다는 것을 뜻한다.

앞에서 열거한 네 가지 유형들은 모두 일에 대한 설득력을 가지고 있지만, 한편으로는 어떠한 수준에서든 당신의 개인적인 목표와 하고 있는 일이 조화되는 경험을 할 수도 있다. 네 가지 유형 가운데 어느 것이든 당신이 몸 담고 있는 회사와 자신과의 조화를 경험할 수 있을 것이다. 바로 당신의 목표와 일, 당신과 당신의 회사 모두가 조화를 이룰 가능성은 각각 연속적으로 단계를 이루며 증대된다.

구체적인 목표를 발견하고, 내가 하고 있는 일과 내가 속한 조직과 그 목표를 조화시키는 데 집중할 수 있었다. 따라서 나의 직장생활 전반부는 직업과 경력 사이에 있었다고 말할 수 있지만, 시간이 흐르면서 일을 대하는 나의 태도가 성숙해지고 변화되었다.

5년 간의 여정을 거치는 동안 나는 이 주제를 연구하고, 사람들을 인터뷰하고, 나의 고객과 업무 파트너들의 행동을 관찰하면서 경험의 폭을 넓히는 데 많은 시간을 들였다. 삶의 목표를 발견하고 내가 하는 일을 그 목표에 맞추기 위해 적극적으로 노력하는 동안, 많은 도전에 직면하기도 했고 깊은 좌절을 맛보기도 했다. 내가 겪은 어려움 가운데 하나는 조화란 말이 비즈니스 세계에서는 아주 새로운 개념으로 이해되고 있다는 것이었다.

현재 많은 조직들이 조화의 중요성과 그것이 자신들의 미래에 어떤 의미를 지니는지 이제 겨우 이해하기 시작했다. 모두가 자신의 일을 경력이나 천직으로 보아야 할까? 그렇지 않다. 모두가 이 방향을 향해 가야 하는가? 그렇지 않다. 앞에서 말했듯이, 어떤 수준에서든 당신은 자신과 일의 조화, 그리고 고용주와의 조화를 경험할 수 있다. 하지만 일을 의무나 직업으로 본다면 조화에 이르기가 조금 어려워질 수 있다. 선택은 당신에게 있다. 당신은 자신의 개인적인 목표와 자신의 일 사이에서 가장 의미가 있는 관계를 설정해야 한다.

당신과 파트너

이것은 직업 다음으로 고려해야 할 가장 자연스러운 삶의 비전 커뮤니티다. 당신과 가장 친밀한 관계를 어떻게 평가할까? 대화의 통로가 열려 있고 솔직한가? 두 사람의 관계에 활력을 불어넣는 것은 무엇인가? 열정이 있는가? 장기적인 확신이 있는가? 당신의 삶의 목표에 얼마나 자양분을 공급하고 성장하도록 도와 주는가?

많은 사람들은 이 삶의 비전 커뮤니티에서 어려움을 겪는다. 자신의 일과 파트너가 관계없는 것으로 여기고, 자신의 삶의 목표와 분리시키는 경향이 있다.

당신의 삶의 목표를 개발하는 일에 자신과 가장 친밀한 관계에 있는 사람과 함께 동참하는 것은 매우 보람 있는 일이다. 파트너보다 나의 희망과 꿈을 보다 나은 쪽으로 공유할 수 있는 사람이 어디 있겠는가? 내가 누구인지 정확히 볼 수 있도록 도와 줄 수 있는 사람이 누가 있겠는가? 파트너는 내가 어려울 때 나를 격려하고, 상처받은 자아를 위로해 주며, 기쁨을 함께 나누는 사람이다.

나는 파트너와 함께 지내면서 도전도 받고, 기쁨으로 들뜨기도 하고, 용기를 얻었으며, 무엇보다도 사랑을 받았다. 서로 다른 사람들이 하나의 목표를 위해 전진할 수 있음을 충분히 보여 주고 있는 것이다.

자기인식의 증대에 있어 주변 사람들의 역할

창조적인 리더십 센터CCL는 몇 년에 걸쳐 수천 명의 사람들을 대상으로 한 광범위한 연구를 통해서 유능한 지도자들의 특징에 대한 정보를 수집했다. 이 연구의 결론에 따르면 유능한 지도자의 중요한 자질들 가운데 하나는 자기를 인식하고 있다는 것이다. 자신의 강점과 약점, 가능성과 한계를 분명히 이해하는 사람은 강인하게 기초에 발을 딛고 있는 사람이다.

자기인식이라는 강한 토대는 당신에게 자신의 강점을 극대화하고, 약점을 상쇄하며, 최선의 가능성을 현실로 바꿀 수 있도록 해 준다. 반대로, 자기인식이 부족하면 결국 심각한 어려움에 빠지게 된다.

주위를 살펴보면 자기를 인식하지 못하거나 적어도 인식할 수 있는 지조차도 알지 못하는 사람들이 있다. 이런 사람들은 실패와 상처의 흔적을 잊고 지나가는 경우가 종종 있어 누군가가 대담하게 진실을 말해 주기 전까지는 이런 역기능적인 행동을 되풀이한다.

사실 우리는 누구나 맹점을 가지고 있다. "나는 아니야"라는 말로 우리 자신을 속이기는 쉽지만, 이런 식의 사고는 궁극적으로 우리를 정체와 역기능으로 이끌어 갈 덫에 불과하다. 우리는 문을 활짝 열고, 진실의 빛이 우리 속에 있는 이런 맹점을 비추고 드러내도록 해야 한다. 개인의 성장은 언제나 자기인식의 증대로부터 출발한다.

어떻게 하면 될까? 이는 주변 사람들의 협력과 지원을 구함으로써 가능하다. 우리가 존경하고 좋아하는 사람들은 우리가 키워야 하는 강점뿐 아니라 변화를 요하는 것들에 주의를 집중할 수 있도록 도와 준다. 당신의 고용주나 상사가 당신의 보다 나은 업무수행을 위해 변화시켜야 할 행동들을 정확하게 파악하고 가르쳐 줄 수 있다. 마찬가지로, 동료들이 건설적인 비판을 해 줄 수 있다. 우리의 행동과 말의 불일치를 일치할 수 있도록 만들어 줄 수 있는 것은 바로 이와 같은 열린 관계의 맥락에서 가능한 것이다.

성취와 만족은 손에 잡힌다

당신의 삶은 새로운 짜임새와 변화로 이루어진 여러 다양한 관계들의 모자이크이다. 이 장을 마무리하면서 마지막 한 가지 질문을 당신에게 던지고 싶다. 당신의 삶의 비전 커뮤니티를 움직이게 하는 것은 무엇인가?

"다른 사람들을 위해 자신의 삶을 손해 보면, 결국 손해 본 삶을 그 과정 속에 저축한 것이다"라는 속담이 있다.

만약 당신이 자신의 이기적인 관심에 초점을 맞춘다면, 성취와 만족은 손에 잡히지 않는 목표라는 생각을 굳히게 될 뿐이다. 삶의 비전을 발견하는 과정을 추구할 때, 이 깊은 진실들을 당신의 마음속에 간직하기를 권한다.

연습문제1   자기인식의 증대

다음 질문에 대답한다. 이 질문들은 당신이 가진 강점과 약점을 조사하기 위한 것이다.

1. 과거에 거두었던 성공의 경험들 가운데 하나를 떠올린다. 그렇게 성공할 수 있었던 여러 가지 사건들을 설명한다. 이 성공의 경험은 당신에게 무엇을 말해 주고 있는가? 미래를 위해 이로부터 당신은 어떤 교훈을 얻을 수 있는가?
2. 과거에 있었던 실패의 경험들 가운데 하나를 떠올린다. 그 실패를 둘러싼 사건들을 설명한다. 어떻게 그런 일이 일어났는가? 이 실패는 당신에게 무엇을 말해 주고 있는가? 미래를 위해 이로부터 당신은 어떤 교훈을 얻을 수 있는가?

3. 주변 사람들이 말하는 당신의 강점은 무엇인가?

4. 당신의 강점이 당신을 곤란하게 만드는 경우가 있는가?

5. 과거에 당신의 강점들을 계발하고 이용하기 위해 어떤 시도를 했는가?

6. 주변 사람들이 말하는 당신의 약점은 무엇인가?

7. 과거에 이런 약점들을 극복하기 위해 어떤 시도를 했는가?

# Chapter 3
어떤 세계관을 가지고 있는가?

> "그대는 대답하지 않는다. 방어하지도 않는다. 하지만 강한 침묵으로 때를 기다린다."
>
> —작자미상

당신의 세계관은 무엇인가? 이 물음에 대한 답은 당신의 주변에서 일어나는 일들에 대한 신념의 집약이라고 할 수 있다. 의식적으로 뚜렷하든 그렇지 않든, 모든 사람은 나름대로의 세계관을 가지고 있다. 당신이 어떤 사람인지 그리고 어디를 향해 가고 있는지에 대한 분명한 인식은 당신의 세계관과 불가분의 관계에 있다.

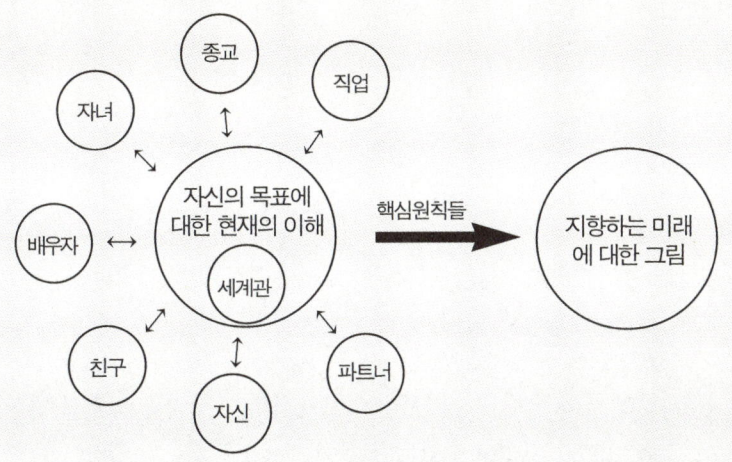

원칙 : 시간이 흘러도 변하지 않는 핵심적인 원칙들이 있다. 이들은 성공적인 삶을 위한 기준이다.

역설 : 당신의 세계관은 핵심원칙들과 조화를 이룰 수도 있고 그렇지 않을 수도 있으며, 심지어 이들에 대해 모호하게 이해하고 있을 수도 있다.

    베스트셀러 작가 스티븐 코비의 말에 따르면, 핵심원칙은 인간관계의 기본적인 법칙이라고 한다. 이 원칙은 우주를 움직이는 물리 및 화학 법칙처럼 실제로 존재한다. 이것은 본질적으로 우리가 목표를 실천하고 관계를 유지하며 살아가는 환경을 규정짓고 있다. 이를 발견하고 적용한다면 우리는 성공적인 삶을 영위할 수 있을 것이다.

도표에 또 하나 첨가된 것은 당신의 세계관인데, 이것은 자기 자신을 생각하고 인식하는 방식의 구심점이다. 여기에는 개인적인 목표에 대한 당신의 개념도 포함된다. 세계관은 당신이 삶을 바라보는 방식에 영향을 미치는 신념들의 집합체이며, 당신이 내리는 모든 결정과 행동 하나하나에 작용한다.

핵심원칙이란 무엇인가

요즘 같이 포스트모더니즘 시대에 보편적이고 시대를 초월한 진리를 논하는 것 자체가 어쩌면 진부하게 생각될지도 모른다.

다원화된 문화는 객관적인 원칙들 혹은 절대적인 진리의 존재에 대해 의문을 불러일으켰다. 사회는 공식적으로 입증된 신념이나 행동패턴은 없다고 말한다. 그러나 대부분의 견해와 집회는 타당하고 진실하기 때문에 동등하게 용납되어야 한다고 말한다.

비즈니스 분야에서 예를 들어 보자. 나는 소매 체인점을 설립한 J.C. 페니에 관한 이야기를 특히 좋아한다. 그는 중요한 진리를 통해 모든 인간관계가 맺어진다는 것을 확신했다.

그는 자신의 첫 가게를 '황금률 가게'라고 이름 붙였는데, 이것은 "당신이 대접받고자 하는 대로 다른 사람을 대접하라"라는 말이 비즈니스의 성공을 위해 가장 중요하다고 믿었기 때문이었다. 페니의 경영철학은 "고객의 숫자는 공평한 보상을 뜻하며, 이윤만을 의미하는 것은 아니다"였다. 그는 직원들이 원칙지향적인 비즈니스 관행을 준수하도록 만들기 위해 직원과 고객을 동시에 존중하는 여러 가지 제도들을 도입했다. 비록 대공황 기간 동안 4천만 달러의 재정손실을 겪기도 했지만, 그는 원칙 있는 삶을 살기 위해 늘 노력했다.

나는 우리의 경험이나 시대에 따라 상대적으로 변하거나 혹은 우리가 직면하는 상황에 좌우되지 않는 정말로 핵심적인 원칙들이 있다고 확신한다. 핵심적인 원칙들은 세월이 가고 세기가 달라져도 변치 않는다. 이들은 시간을 초월하며 불변한다. 원칙은 객관적이라는 사실에도 불구하고, 이들을 발견하고 적용하는 일은 주관적이다. 다음은 몇 가지 핵심적인 원칙들을 규정해 놓은 것이다.

- 자기 자신과 다른 사람들을 존중하라 모든 사람은 귀중하며 존중, 위엄, 그리고 평등으로 대접받아야 할 가치가 있다. 성공은 당신 자신이 대접받고자 하는 대로 다른 사람들을 대접하는 것 위에 이루어진다.

- 모두에게 이로운 해결책을 통해 신뢰를 쌓아라 모든 인간관계를 위해 서로에게 이로운 결과를 추구하는 것은 신뢰의 주춧돌이다.

- 자신의 삶을 전체적으로 통합하고 균형을 유지하라 균형을 이루며 모든 삶의 영역에서 성공을 추구할 때 더욱 뛰어난 능력을 발휘하게 될 것이다. 한 가지 영역에서 성취를 거두었다고 해서 다른 영

역에서 실패하거나 태만했던 것이 상쇄되지는 않는다.

- 말과 행동을 일치시켜라 정직, 성실, 그리고 청렴은 리더십, 협력, 그리고 성공의 기초를 제공한다.

- 변화에 대한 개인적인 책임을 인정하라 변화는 내부에서 외부로 일어난다. 당신 자신의 태도와 행동에 대해 책임을 진다는 생각을 가져라.

- 함께 일하라 우리는 혼자 일할 때보다 함께 일할 때 훨씬 더 많은 일을 해낼 수 있다. 자유롭게 아이디어를 교환하는 것으로부터 최대의 효율성이 나온다. 우리 모두의 천재성과 통찰력을 발휘할 때 전략과 문제해결 능력이 최대화된다.

- 삶의 비전을 향상시켜라 개인적인 성취는 당신의 특별한 목표를 발견하고 다른 사람들과의 협력 속에서 이를 성취하기 위해 헌신할 때 다가온다.

- 배우기를 멈추지 말라 위기, 실패, 그리고 성공으로부터의 배움을 통해 성장한다.

- 도전을 기회라고 생각하라 당신이 처한 환경 속에서 일어나는 변

화, 혼란, 그리고 도전은 성장과 성공을 위한 새로운 기회를 제공한다.

- 인내하라 그로 인해 보상이 주어질 것이다. 마침내 당신이 뿌린 씨앗을 수확하게 될 것이다. 궁극적인 성공은 끝까지 청렴을 유지하고, 열심히 일하고 배우며, 그리고 변화할 것을 요구한다.

앞에서 언급한 내용들이 결코 완벽하지 않으며 어쩌면 핵심원칙들에 대한 가장 기본적인 의미조차 제대로 드러내지 못한 것일 수도 있다. 하지만 이 진리들은 시대를 초월해 적용되었기에 지금까지 존재하고 있는 것이다.

당신의 세계관은 무엇인가

모든 종류의 체계적인 사고는—그것이 화학, 사회학, 미술, 건축, 혹은 종교 그 어떤 분야이든—기본적인 틀에서 시작한다. 다시 말해서 나머지 다른 전제들의 근거가 될 수 있는 진리가 숨어 있다는 것이다. 예를 들어, 비록 사실적으로 입증할 수는 없지만 과학의 발전은 '우주는 합리적이다'라는 믿음이 없이는 불가능했다. 당신이 가진 핵심적인 믿음들은 외부세계와 연관되어 어떤 것을 '진리'로 받아들이는지를 반영한다. 당신의 세계관을 이루는 모든 사고와 믿음이 반드시 입증될 수 있거나 사실에 입각하고 있는 것은 아니다. 이것은 당신의 다양한 경험에 근거하여, 삶에 대해 진리로써 받아들이는 것들이다.

삶을 경험하면서, 당신은 자신의 세계관에 무엇인가를 더하기도 하고 빼기도 한다. 당신의 부모님이 당신의 첫 번째 세계관을 형성했다. 그리고 세상을 더 많이 알아 가는 동안, 어떤 중요한 경험들이 당신이 진리라고 믿는 것들에 영향을 미쳤다. 방학, 생일, 기념일 등 기억될 만한 사건들이 당신의 세계관 형성에 늘 영향을 미쳐 왔다. 당신의 첫 번째 직장, 첫 승진, 전직. 이 모든 것들이 당신의 세계관을 형성했던 주요한 배움의 순간들이었다. 마찬가지로 삶의 힘겨운 순간들 혹은 불행한 사건들은 당신의 영혼에 흔적을 남겼다. 직장 상사나 동료와의 심각한 갈등은 당신의 삶에 오래도록 지워지지 않을 영향을 가져 온다. 교육, 사회활동, 주변 사람들로부터의 영향, 그리고 매스컴으로부터 받는 영향 등 모든 것이 당신의 세계관을 구성하는 내용물이다.

당신의 세계관이 항상 의식적으로 작용하는 것은 아니다. 인식하지 못할 가능성이 더 많다. 당신이 보이는 반응들 가운데 많은 경우는 의식적인 생각을 거치지 않고 세계관으로부터 즉각적으로 튀어나온 것이다. 예를 들어, 직장 상사가 주말에도 나와서 일하도록 요구하면 반발감이 느껴진다. 일이 사적인 시간을 방해할 때 나타나는 이런 반응이 바로 당신의 세계관이다. 자선행사에 돈을 기부해 달라는 요청을 거절한다. 이런 결정은 자선행위의 가치나 재정상태에 대한 당신의 세계관의 한 예이다. 일이 끝나고 시속 80km의 속도로 집으로 쏜살같이 달려온다. 여기에도 세계관이 작용한다―빨리 집에 가는 것이 속도위반보다 중요하다는 생각을 하기 때문이다.

핵심원칙들과 당신의 세계관 사이에 간격이 있는가

세계관을 자세히 들여다보는 것이 왜 중요한가? 어떤 세계관은 좋고 어떤 세계관은 그보다 못한가? 사람들마다 행동하는 양상이 각기 다르지 않은가?

만약 핵심적인 진리라고 할 수 있는 것들이 존재한다면, 우리는 이 진리들을 개인의 세계관과 비교하고 이 둘을 조화시킬 수 있는 방법을 모색해야 한다. 다시 말해서, 성공의 핵심적인 원칙들과 맞지 않는 세계관을 버려야 한다는 것이다.

모든 사람들이 동일한 세계관을 가져야 한다고 말하려는 것이 아니다. 그리고 사고의 차이, 표현의 다양성을 위한 여지가 없다고 주장하는 것도 아니다. 내가 당신에게 던지는 도전과제는 당신의 삶에 대한 핵심적인 믿음들—당신의 세계관—을 엄밀히 살펴본 다음, 시대를 두고 입증되어 왔던 핵심원칙들과 비교해 보라는 것이다. 성공을 지속적으로 향유하는 방법은 핵심원칙과 세계관이 충분히 조화를 이룰 때뿐이다. 이러한 조화가 없다면 내가 '간격'이라고 부르는 것이 존재한다는 뜻이다. 모든 사람들이 이 간격을 갖고 있다. 이것은 우리들의 주요한 딜레마 가운데 하나이다. 우리에게는 간격이 있고 어떻게 이것을 좁힐 것인지 방법을 정해야 한다.

이 글을 읽고, "나는 여기에 해당되지 않아. 핵심원칙들에 맞게 살고 있기 때문이지. 이것은 다른 사람들에게나 해당되는 말이야"라고 말하기는 너무나 쉽다. 그러나 나는 당신에게 말한 것이지 다른 누군가에게 말한 것이 아니다. 당신에게는 가까이 좁혀야 할 간격이 있다. 당신의 삶에 비전을 찾기 위해서는 이 간격을 어떻게 좁힐 수 있는지 방법을 내놓아야 한다. 자신의 세계관을 비교하는 일에는 게으르면서 핵심원칙들의 개념에 마음만 동의하는 기만적인 행동을 해서는 안 된다. 지난 하루 이틀에 걸쳐 있었던 자신의 행동을 돌아보라. 당신의 삶 속 어디에 이 간격이 존재하고 있는지 충분히 볼 수 있을 것이다. 당신은 항상 사려 깊은가? 이기적이지는 않았는가? 당신의 주변 사람을 애정과 존중으로 대했는가, 아니면 무관심하게 대했는가? 당신과 세상을 다른 시각으로 보는 동료들과 불화가 있지는 않았는가?

간격 좁히기

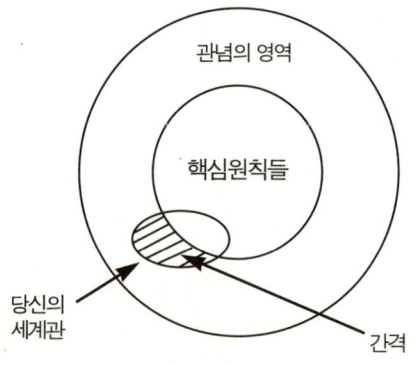

이 그림은 간격을 표현한 것이다. 큰 원은 모든 사고와 개념을 포함하는 '관념의 영역'을 나타낸다. 이 영역은 긍정적이든 부정적이든, 선하든 악하든 모든 사고의 복합체와 모든 행동양상들을 포함한다. 그림에서 보듯이 관념의 영역 속에 핵심원칙들이 있다. 다시 말해서, 큰 원은 핵심 진리인 관념과 그렇지 못한 관념을 모두 포함하고 있다. 또한 관념의 영역 안에 당신의 세계관이 자리잡고 있다. 이때 세계관과 핵심원칙들이 겹쳐지는 부분이 있는데, 이 둘 사이 어디에 간격이(도표에서 빗금 쳐진 부분) 벌어졌는지 알아 내야 한다.

간격에 해당되는 행동의 예로 다음과 같은 것들이 있다.

- 자신을 부당하게 대우한 상사에 대한 앙갚음하고자 하는 마음.
- 고객의 신뢰를 이용해 비용을 더 많이 부과하는 것.
- 어떤 프로젝트에 대한 자신의 역할을 미화하는 것.
- 자신이 저지른 잘못을 은폐하려는 것.
- 파트너가 말하는 태도에 화가 나서 침묵으로 대하는 것.
- 사실 여부를 확인하지 않은 채 동료에 대한 소문을 퍼뜨리는 것.
- 자신이 원하는 것을 얻기 위해 누군가를 뒷조사하는 것.

간격에 해당되는 행위에 있어 많은 사람이 결백하지 못하다. 당신도 마찬가지다. 따라서 자기 자신의 성공을 위해서는 간격을 좁혀야 한다. 간격을 좁히기 위해 무엇보다 중요한 것은 시도해야 된다는 것이다.

간격을 좁히기 위해 당신은 어떤 일을 할 수 있는가? 핵심원칙들과 세계관 사이의 간격을 좁혀 세계관이 핵심원칙을 안으로 들어오게 하는 것은 쉬운 일이 아니다. 어쩌면 평생이 걸릴지도 모른다. 그렇다고 할지라도 간격을 좁히려는 의식적인 노력을 포기해서는 안 된다. 이것은 당신이 그토록 꿈꾸는 삶의 비전을 성취하기 위한 중요한 단계다.

간격을 좁히기 위한 다섯 가지 단계를 알아보자.

1단계 자신의 세계관을 이해한다

우선 시간과 정력 그리고 돈을 사용하는 방식을 검토하는 것이 자신의 세계관을 이해하는 가장 좋은 방법이다. 이를 통해 당신의 세계관의 기본요소를 가장 잘 살펴 볼 수 있다.

자신의 월간 스케줄 혹은 하루의 계획표를 들여다 보라. 어떤 활동과 인간관계가 시간의 대부분을 차지하고 있는가? 몇 달 간에 걸친 신용카드 영수증과 수표사용 내역을 자세히 살펴보라. 언제, 어디서, 어떻게 돈을 지출했는가가 당신에게 무엇이 중요한 일인지에 대해 많은 것을 말해 줄 것이다.

당신은 어디에 가장 많은 열정을 쏟고 있는가? 당신으로 하여금 기운을 솟게 하고 그것을 계속하도록 만드는 것은 무엇인가? 이들 영역에서 자신의 행동을 살펴보면서 당신의 세계관과 관련하여 충분히 말할 수 있어야 한다.

2단계 핵심원칙들을 이해한다

나는 핵심원칙을 찾고, 이해하고 적용하기 위해, 그리고 나의 세계관과 이들을 조화시키기 위해 많은 노력을 기울이고 있다. 핵심원칙들을 더 잘 이해할 수 있는 몇 가지 실제적인 방법이 있다.

- 문학작품을 읽는다   위대한 작가, 철학자 그리고 사상가들의 작품을 읽으면 위대한 진리를 발견하게 될 것이다.

- 종교경전을 탐독한다   경전 속에서 가장 심오한 진리를 발견할 수 있다. 깊은 사려와 지적인 자극을 불러일으키는 구절들을 음미하고 명상하는 시간을 가져라.

- 자연과 교감하라   진리는 자연을 통해 다양한 방법으로 나타난다. 주변 환경들을 관찰하고 그들과 교감하는 조용한 시간을 만들어라.

- 지속적으로 학습하라   자신이 거주하고 있는 지역이나 직장 주변에 있는 학원을 이용한다. 관심있는 세미나에도 참석하고, 교육프로그램에도 적극적으로 참여한다.

- 의미 있는 대화를 나눠라   누구나 진리를 찾고 이를 자신들의 삶에 실제로 적용시키고자 하지만, 우리 가운데 정말로 의미 있는 것들에 대해 주변 사람들과 대화하는 시간을 갖는 경우는 드물다. 이들과 대화를 나누어라. 직장이나 모임 사람들과 대화를 나누어라. 이것이 아주 가치 있는 노력이라는 것을 곧 알게 될 것이다.

3단계 간격의 존재를 받아들이고 이를 규명한다

핵심원칙들과 자신의 세계관을 이해하게 되었을 때, 이 둘 사이에 불일치하는 부분이 보일 것이다. 당신이 스스로에 대해서 정직했다면 말이다. 나는 이 단계를 제대로 뛰어넘지 못하는 사람들을 많이 보아 왔다. 특히 서양 문화권에서는, "내가 좋으면 당신도 좋다"는 관념이 확산되어 왔고, 이것은 벌어진 간격을 좁혀야 할 필요가 있다는 사실을 인정하지 못하게 만드는 유해한 사고 패턴이다.

만약 당신이 원칙에 맞게 행동한다면 성공할지도 모른다. 그렇다면 나는 당신을 가장 힘들게 하는 원칙들이 있는지 묻고 싶다. 이 질문은 당신이 가진 간격을 정확하게 찾아내는 데 도움이 될 것이다.

예를 들어, 당신은 남과 대립하는 유형의 사람이 아니기 때문에 동료들에게 사실대로 말하는 데 어려움을 느끼고 있을 수 있다. 혹은 무거운 분위기를 털어내기 위해 동료와 만나 이야기를 나누기보다 그에 대한 불만을 속으로 삭히는 쪽을 택하는 사람일 수도 있다. 어쩌면 당신은 '당신 방식' 대로 일이 처리되지 않았을 때 지나치게 비판하는 사람일지도 모른다. 내가 직장에서 가장 힘들어하는 부분은 팀 동료들에 대해 참지 못하고 쉽게 비판하는 나의 성격이다. 당신이 가장 힘들어 하는 영역은 당신의 세계관과 핵심원칙들 사이에 가장 큰 불일치가 존재하는 부분이기도 하다.

핵심원칙과 세계관(당신의 행동뿐 아니라) 사이에 모순이 존재한다는 것을 인정하는 것은 그 간격을 좁힐 수 있는 중요한 단계다. 일단 이러한 차이를 보고 인정할 수 있다면, 그 간격을 좁히기 위한 행동계획 마련에 들어 갈 수 있기 때문이다.

4단계   간격을 좁히기 위해 구체적으로 밑그림을 그린다

간격을 좁히는 길은 당신이 속한 삶의 비전 커뮤니티로부터의 도움으로 포장되어 있다. 당신은 다른 사람들의 통찰력과 경험에 접촉하는 것이 중요하다. 만약 그렇게 하지 못하고 있다면, 큰 실수를 하고 있는 것이다.

나와 함께 일하는 팀은 이 점에서 아주 큰 도움이 되고 있다. 공식적으로나 비공식적으로, 우리는 우리 자신의 간격을 좁히는 데 서로가 책임이 있다는 것에 동의하고 있다. 나의 행동과 핵심원칙 사이에 어떤 모순이 발견되면 동료들에게 이를 지적해 줄 것을 요구한다. 마찬가지로 당신도 자신의 근무환경 내에서 이와 비슷한 형태의 관계를 만들어 보라.

5단계   삶의 비전 커뮤니티를 계획에 동참하게 한다

역동적인 상황과 관계라는 맥락 속에서 원칙들을 적용하는 일은 어쩌면 삶의 가장 힘겨운 도전일지도 모른다. 당신은 이를 완벽하게 해낼 수는 없을 것이다. 당신에게는 언제나 직면해야 할 새로운 환경이 있고 통과해야 할 새로운 시험이 닥쳐 오지만, 이로 인해 삶은 흥미진진한 모험이 될 수도 있는 것이다. 삶의 도전 한가운데에서 원칙을 지키는 사람이 되고자 할 때, 우리는 그에 따른 많은 보상을 발견하게 된다.

어려운 상황이라도 원칙을 선택하라

간격을 좁히고자 세운 계획을 실천할 때, 삶은 선택해야 하는 여러 상황들을 당신 앞에 내놓을 것이다. 원칙지향적인 선택, 그리고 좀더 편의적이고 용이한 선택에서 선택의 결과가 중요하지 않을 수도 있고, 혹은 당신이 한 선택이 당신의 삶에 중대한 영향을 가져올 수도 있다. 원칙지향적인 결정을 한다는 것이 쉽지 않겠지만, 그러한 선택을 한 데 따른 일치감과 만족감을 강하게 느낄 것이다.

진리를 찾고 '원칙 간격'을 좁히려는 노력을 하는 동안, 당신은 옳고 그름 사이에서 오락가락 하게 될 것이다. 개인적인 대가가 개입되어 있기 때문에 늘 옳은 선택을 하기가 힘들지라도, 장기적으로 볼 때 그것이 득이 된다는 것을 당신은 알고 있다. 잠깐의 고통을 견디기가 힘들거나 실망스럽게 여겨질 수 있다. 스코트 펙Scott Peck은 저서 〈아직도 가야 할 길The Road Less Traveled〉에서 이렇게 말한 바 있다.

"우리는 원칙의 도전에 직면해야 하는 좁은 길이 아니라, 당장의 고통을 피할 수 있는 좀더 쉬운 길을 택하고 싶은 유혹을 받게 된다. 하지만, 원칙에 대해 강하게 인식할수록 더욱 자연스럽게 올바른 선택을 할 수 있게 된다. 원칙 있는 선택을 실천할 때, 그로 인한 혜택이 어떤 단기적인 불편함보다도 크다는 것을 알게 될 것이다."

나 자신의 경험에서 나온 이야기를 하나 적어 본다. 90년대 초반까지, 나는 고속 승진을 계속했다. 서른 살에 한 국립회계법인의 파트너로 승진한 후, 나는 한 사람을 제외한 사무실 전 직원들로부터 존경과 부러움을 샀다.

　동료 직원이었던 월트는 다른 업무파트에서 일했고, 따라서 우리가 활동하는 영역은 거의 겹치지 않았다. 하지만, 우리는 심각할 정도로 부딪히기 시작했다. 자신이 정확한 판단이라고 믿는 바에 근거하여 서로가 하는 일에 대해 부정적인 시각을 드러냈다. 나는 월트가 나에 관해 다른 사람들에게 하는 말들이 옳지 않다고 믿었다. 일을 하면서 한 번도 그런 상황에 처한 적이 없었고, 나는 항상 다른 동료들과 함께 일을 잘 해낼 수 있었다. 그러나 월트는 내가 일에 접근하는 방법에 대해 늘 부정적인 시각을 드러냈다.

　나는 월트에게 앙갚음을 하거나 상황을 더 악화시키기보다 명쾌하게 일을 풀기 위해 그를 만나는 쪽을 택했다. 결과적으로, 나와 내가 속한 부서에 대한 월트의 시각으로부터 나는 상당히 많은 통찰력을 얻었다. 그리고 그의 주장이 어느 정도 타당한 면이 있다는 것을 깨달았다.

　사람들과의 관계가 중요한 부서를 통괄하는 나의 열성이 다른 부서에게는 월권으로 비쳐질 수도 있었던 것이었다. 그로 인해 사무실에 있는 다른 팀들과의 사이에 어떤 장애를 만들었던 것이다. 나에 대한 월터의 인식에는 물론 완전히 잘못된 부분도 있었다. 그 만남은 우리 둘 모두에게 편안하지 않은 시간이었지만, 우리 사이에 팽팽하게 흐르던 긴장을 일정 부분 완화할 수 있었던 시간이었다. 우리는 좋은 친구가 될 수는 없었지만 적어도 대화를 통해 서로를 존중할 수 있게 되었다.

　월터와의 불화가 계속되도록 내버려두는 편이 훨씬 더 쉬웠을 것이다. 상황을 해결하고, 서로를 존중하고 양쪽에게 모두 이로운 결과가 나오도록 하려는 노력은 어려운 선택이었다. 그 대화는 어색하고 불편했지만, 장기적으로는 그런 불편을 감내할 만한 가치가 있었다.

물론, 내가 언제나 원칙지향적인 선택을 한다고 말할 수는 없다. 하지만 나의 인식수준은 그것을 요하는 상황을 감별할 수 있을 정도의 높이에 있다. 당신 자신의 인식이 증대됨에 따라, 직장 안팎에서 부딪히는 어려운 상황에 대해 새로운 시각을 갖게 될 것이다.

옳음 VS 옳음

우리는 자주 '옳음' 대 '그름'의 상황에 놓이곤 한다. 그러나 우리의 원칙이나 진리가 다른 원칙이나 진리와 상충되는 '옳음' 대 '옳음'은 어떤가? 이는 화가 치밀어오르는 또 다른 상황일지도 모른다.

당신의 좋은 친구이기도 한 직장동료 한 명이 회사의 공금을 이용하는 부정직한 행동에 연루되어 있다는 것을 알게 되었을 때, 친구에 대한 신의와 존중의 원칙이 고용주를 존경하고 진실해야 한다는 원칙과 충돌한다. 어떤 고객이 회사의 약관을 부당하게 이용하는 상황에 직면할 수도 있다. 당신은 그 고객을 방치해야 하는가 아니면 맞대응을 해야 할까? 업무수행능력은 뛰어나지만 다른 동료들과 화목하지 못한 직원은 어떤가? 일을 잘 하기 때문에 그를 붙잡아 두어야 할까, 아니면 나가도록 해야 할까? 이와 같은 몇몇의 예들로부터 알 수 있듯이 원칙들이 서로 배치될 때 대답을 쉽사리 얻을 수 없다.

원칙들을 붙잡고 씨름하는—이들을 이해하고, 우리의 삶에 적용하고, 우리의 행동 속에 간격이 있는지 검토하는—일이 그토록 중요한 이유가 바로 여기에 있다. 삶의 비전을 발견하고 조화하려는 노력의 일부로서 끊임없이 이 문제를 파고들지 않는다면, 우리는 당연히 성장하고 성숙해야 하는 정도만큼 이르지 못한다. 가장 유능하고 효과적으로 자신의 삶의 비전을 성취하기 위해, 원칙을 아는 사람이 되려는 노력을 꾸준히 기울여야 한다.

원칙을 아는 사람이 되기

원칙을 아는 사람이 되는 것은 내가 아버지로부터 배웠던 중요한 가르침 가운데 하나다. 나는 아버지가 여러 딜레마에 직면했을 때 실제로 원칙들을 세상에 적용시키고자 씨름하는 모습을 지켜보았다. 그런 상황들이 쉬웠던 적은 거의 없었다.

아버지는 고객을 위한 더 만족스러운 공간을 만들기 위해 새로 실내장식을 하는 일에 돈을 들여야 할지, 아니면 재정적 도움이 절실한 친척에게 돈을 빌려 주어야 할 것인지 등등에 대해 언제나 어려운 결정을 내려야 했다. 그렇다고 아버지가 늘 옳은 결정만을 하셨는가? 아마도 아버지는 그렇지는 않았다고 대답하실 것이다. 하지만 아버지의 경우를 통해 나는 삶의 목표의 발견과 성취는 진리를 발견하고 그것과 씨름하고 우리의 삶에 적용시키려는 노력과 밀접한 연관이 있다는 것을 배웠다.

누가 당신의 삶에 영감을 주는가? 누가 당신에게 인품을 갖춘 사람이 되라고 정신적 교훈을 주는가? 당신이 이러한 노력을 기울일 수 있도록 인도할 수 있는 사람들과 교분을 쌓을 것을 권한다.

연습문제1 **당신의 시간, 정력 그리고 돈**

당신의 세계관을 가늠하는 가장 좋은 방법 가운데 하나는 당신이 가진 시간, 정력 그리고 돈을 어디에 사용하는지 알아보는 것이다. 당신이 우선적으로 생각하는 것들을 평가하기 위해 '시간, 정력, 돈'에 관한 다음의 질문에 대답해 보자.

1. 당신은 시간, 정력, 돈을 어디에 가장 많이, 그리고 가장 꾸준하게 사용하는가?
2. 시간, 정력, 돈의 이용패턴은 당신의 세계관에 대해 무엇을 말해 주는가?
3. 각 영역에서 당신의 행동을 살펴본 결과 바꾸어야 할 것이 있는가?

연습문제2 **당신의 가치관 규명하기**

세계관을 알아볼 수 있는 또 한 가지 방법은 당신의 가치관을 규명하는 것이다. 당신에게 가장 중요한 것이 무엇인지 알아보기 위한 다음 질문에 대답하라.

1. 당신에게 가장 기본적인 가치는 무엇인가?
2. 지금 당신에게 가장 우선시 되는 것은 무엇인가?
3. 태도, 말, 그리고 행동을 통해 당신은 어떤 성격의 특징들을 표현하고 싶은가?

연습문제3 **당신의 세계관을 더 잘 이해하기 위한 활동**

당신의 세계관을 보다 더 이해하기 위한 다음의 몇 가지 항목을 보고, 물음에 답하라.(문학 작품, 종교경전, 자연과의 교감, 학습, 의미 있는 대화)

1. 실행에 옮기고 있는가? 실행에 옮기는 이유 혹은 실행에 옮기지 않는 이유는?
2. 이 활동이 어떤 가치가 있다고 생각하는가? 왜 그렇게 생각하는가?
3. 이 활동은 당신이 고려해야 하는 것인가? 그렇다면 이를 위해 어떻게 해야 하는가?

제2장

회사에서의 일과 조화 이루기

Chapter 1
회사와의 조화 이루기

"우리는 우리의 고용인들이 이곳에서 일하면서 조직의 목표와 자신의 목표 사이의 일치를 통해 자신들의 삶 속에서 찾고 있는 성취를 발견할 수 있는 환경을 창조하려고 노력하고 있다."

―빌 조지Bill George, 메드트로닉 CEO, 기업윤리상 수상자

비즈니스 분야의 정기간행물을 단 몇 페이지만 펼쳐보아도 오늘날의 기업환경이 70년대나 80년대 심지어는 90년대 초반과 확연히 달라졌다는 것을 깨닫게 된다. 지난 30년에 걸쳐 그야말로 숨이 막힐 정도로 많은 변화가 있었다.

명령과 통제는 자리를 잃었고, 참여와 권리위임이 그 자리를 대신했다. 품질에만 초점을 맞추던 것에서 이제는 합리적인 가격에 품질, 시기적절한 배달 그리고 뛰어난 서비스를 아우르는 완벽한 가치 패키지의 전환으로 빠르게 이루어졌다. 부단한 변화가 안정과 안전을 대신했다. 과거의 성공은 미래에 대해 아무 것도 보장해 주지 않는다. 도로시가 토토에게, "우리가 캔사스에 있다고는 이제 더 이상 생각하지 않아"

라고 말했던 것처럼 말이다.

오늘날 시장에서 일어나고 있는 변화의 범위와 빈도는 놀라울 정도다. 신기술, 세계화, 치열하기 그지없는 경쟁, 더욱 많은 것들을 요구하는 고객, 그리고 점차 유동적이 되어 가고 있는 고용인들. 이 모든 것들이 변화의 콜라주를 구성하고 있다. 이렇듯 변화하는 시장으로 인해 어려움에 직면해 있는 회사들의 예를 보기 위해 그리 멀리 내다볼 필요는 없다. 선풍적인 인기를 모았던 관리지침서 〈초우량 기업의 조건In search of Excellence〉에서 '베스트 오브 베스트'로 꼽혔던 많은 기업들이 지금은 사라지고 없거나 바로 얼마 전과는 많이 달라진 상황을 드러내고 있다.

우리는 현재 시장 구조조정, 자리바꿈 그리고 재조화의 최정점에 접어들어 있다. 양과 속도 모든 방면으로 이제는 너무나 익숙해져 버린 변화가 계속 진행될 것이다. 산업의 지각변동은 계속되고, 고용인들은 더 많은 시장성을 갖추기 위해 자신들의 이력을 쌓아갈 것이다. 고객들은 더 많은 선택을 할 수 있게 되고, 더 저렴한 가격에 더 높은 품질을 요구할 것이다. 변화의 강도가 높아짐에 따라 전투는 더욱 격렬해 질 것이다.

지난 10여 년 간 왕성하게 발전해 온 경제는 많은 관리자들에게 미래가 다만 과거의 연장이라는 잘못된 확신을 심어 주었다. 아무 것도 진실로부터 더 나아갈 수는 없다. 전직 노동부 장관 로버트 리치Robert Reich는 "지금은 가장 위험한 시기입니다. 압력은 높아지지 않은 채 온도가 올라가고 있기 때문입니다. 경쟁이라는 말의 의미가 급격하게 달라지고 있습니다"라고 말한다. 리치 전 장관은 번영하는 국가경제가 비즈니스를 그릇된 안정감 속으로 유인하고 있다고 믿었다.

〈변화하는 시간은 변화하는 사고를 요구한다〉

과 거	현 재
열심히 일하기	현명하게 일하기
명령과 통제	권한위임
안정과 안전	부단한 변화
간섭	지휘
고객만족	고객의 기대를 앞서가기
고용인들에게 취업의 기회제공	고용인들에게 의미와 성취 부여
품질=우수한 제품	품질=우수한 제품, 시의 적절한 배달, 뛰어난 서비스
미래는 과거의 연장	단절적인 미래의 결과를 바꾸는 패러다임
정보는 소유해야 할 대상	정보는 경쟁력 있는 무기

미래학자 조엘 바커Joel Barker의 말을 빌리자면, 미래에 대해 우리가 확신할 수 있는 유일한 것은 그것이 현재와 단절되어 있으며 현재와 또 다른 것이라는 사실이다. 다시 말해서, 미래는 과거의 연장이 되지는 않을 것이다. 패러다임으로 설명한 뛰어난 저서 속에서 그는 자신의 개념을 잘 설명하고 있다. 패러다임의 이동은 미래가 오늘과는 너무나 다

른 모습이 되리라는 것을 우리에게 확신시켜 주고 있다.

단절된 미래에 대비하기 위해 당신의 회사는 무엇을 하고 있는가? 충분한 투자력과 풍부한 정보를 갖춘 경쟁자들과 맞서서 어떻게 자신을 무장하고 있는가? 높은 품질과 저렴한 가격에 재화와 서비스를 공급하기 위한 새로운 방법을 개발하기 위해 무엇을 하고 있는가? 무엇보다 중요한 것은 당신의 회사가 직원들을 회사의 목표와 확실히 조화시키기 위해 무엇을 하고 있는가 하는 점이다. 이제 단체라는 관점에서 조화의 현상을 살펴보도록 하자.

왜 여기에서 출발하는가? 이 책은 조화를 이루기 위해 당신이 개인적으로 할 수 있는 것에 관해 말하려 하기 때문이다. 그리고 당신의 회사와 조화를 이루기 위한 첫걸음은 조화를 이루는 데 필요한 요인들이 무엇인지 인식하는 것에서부터 시작한다. 당신의 회사가 어떤 단계에 있는지, 어디를 향해 가고 있는지 그리고 이것들이 조화를 향해 적절한 발걸음을 디딜 때 그것이 어떠한 것이 될 것인지를 평가한다.

조화 이루기

피터 드루커Peter Drucker는, 비즈니스는 현재 지식의 시대를 향해 전속력으로 달려가고 있다고 말한다. 정보와 그 정보로부터 증류된 응용 지식은 현재 경쟁력 있는 이점들을 뚜렷이 보여 주고 있다. 이러한 경제는 당신이 소유하고 있는 유형의 자산보다는 당신이 알고 있는 것과 훨씬 더 관련이 있다.

오늘날 대부분의 노동력은 지식 또는 서비스 분야와 관계있다. 최근 발표된 2005년 일리노이 주 고용예측 결과에 따르면, 상위 12개의 직종 가운데 11개 직종이 서비스 및 지식 분야다.

과거와는 사뭇 다른 직업형태를 보여 주는 이 거대한 변화에서 놓쳐서는 안 될 중요한 사실은 무엇인가? 정보화 시대의 한가운데에서, 톰 피터스Tom Peters는 우리들에게 지식 근로자들은 "자신들의 이력을 쌓아 가느라 바쁘다"고 말했다. 그들은 다른 환경으로 전환하는 데 필요한 핵심기술과 능력을 필요로 한다는 것이다.

또한 드루커 박사는 지식 근로자들은 자신들의 일 속에서 의미와 성취를 추구하고 있다고 말하면서, 분명한 목표를 가지고 자신의 고용자들과 조화를 이룰 수 있는 방법을 모두 갖춘 회사와 자신들을 조화시키고자 한다는 것이다. 고용주가 조화를 촉진하지 못하면 지식 근로자들은 다른 기회를 찾아 떠날 것이다.

1998년 1월 12일 포춘 지에 발표된 5만5천 명의 근로자들을 대상으로 한 갤럽조사에서 조화의 중요성이 분명하게 드러난다. 이 조사에서 다음 네 가지 유형의 근로자의 신념은 회사의 더 나은 재정조건과 관련이 있다고 결론지었다.

- 근로자들은 매일 자신들이 최선을 다할 수 있는 일을 할 기회를 부여받고 있다고 느낀다.
- 그들은 자신들의 견해가 중요하다고 믿는다.

- 자신의 동료들이 질적인 면에 전념하고 있다고 느낀다.
- 자신들이 하는 일과 회사의 사명 사이에는 직접적인 연관이 있다.

'조화 이루기'는 단순한 학문적인 개념이나 최근의 관리경향과는 분명히 다르다. 이것은 오늘날 높은 성취를 자랑하는 회사들 가운데에서도 가장 뛰어난 성과를 보이는 회사들이 채택하고 있는 실제적인 경험이다. 최고의 기업들은 오늘날 비즈니스에서 일어나고 있는 혁명을 잘 이해하고 있다. 그들은 사람이 가장 중요한 자원이라는 것을 알고 있으며, 근로자들이 자신들의 일 속에서 의미와 성취를 찾고 있다는 확신을 주기 위해 행동으로 보여 주고 있다. 그리고 이들은 아주 훌륭하게 그 보답을 받고 있다.

이렇듯 '조화 이루기'로부터 중요한 결론을 구하는 이유는 낭비를 없애기 때문이다. 사람들이 회사의 목표를 이해하고, 회사 내에서 자기 자신들의 목표를 이해하며, 그리고 이 양자가 얼마나 잘 어울리는지 이해하면, 오해와 의사소통의 오류가 감소한다. 조화 이루기는 사람들로 하여금 이전에 도달할 수 없었던 수행수준에 이를 수 있도록 해 준다. 전에는 수면상태에 있었던 능력, 태도 그리고 기술을 발견하기 시작하고, 수행능력이 확연하게 증대된다. 조화 이루기가 이루어지면 근로자들은 회사를 신뢰하고 고비용을 유발하는 전직이 줄어든다. 이것이 다른 무엇보다 중요한 요인이다. 지식기반적인 경제만이 발전을 가져온다. 또한 조화 이루기는 단순히 좋은 생각이 아닌 그 이상의—생존을 위해 절대적으로 필요한—것이 될 것이다.

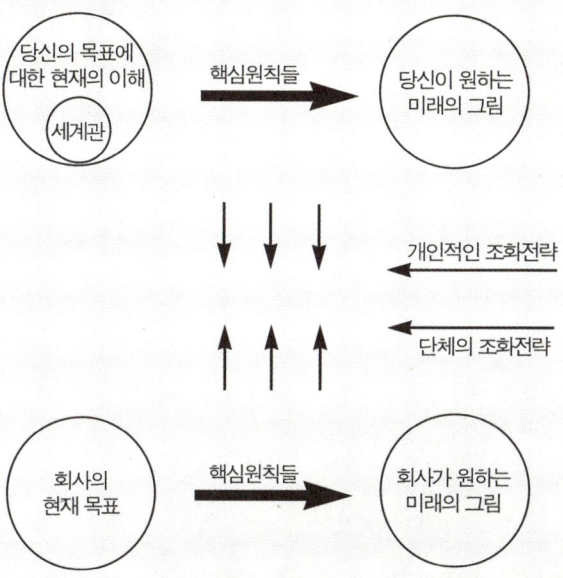

원칙 : 변화의 시대에 있어 조화 이루기는 단지 좋은 생각에 불과한 것이 아니라 경쟁력을 위한 필요조건이다.
역설: 조화 이루기는 경영인과 고용인 모두의 공동의 노력이 요구되는 일이다.

당신이 미래를 위해 개인적인 목표를 가지고 있는 것과 같이, 회사도 목표를 가지고 있다. 공동의 목표, 임무 그리고 비전에 관한 많은 비즈니스 관련 서적들이 있지만, 우리의 개인적인 삶의 비전과 우리가 몸담고 있는 회사의 비전 사이의 관계를 명확히 규정하지는 못하고 있다.

당신이 지평선에 있는 어느 한 지점을 향해 나아가고 있듯이, 당신의 회사는 '회사가 원하는 미래의 그림'을 향해 나아가고 있다. 많은 조직들은 이것을 비전이라고 부르며, 이룩하고자 하는 특정한 상태라고 말한다. 그리고 사람과 마찬가지로, 기업들도 핵심원칙들의 일련의 작동에 의해 움직인다.

앞서 보여 준 이 도표는 개인적인 목표와 당신의 회사목표 사이의 병렬관계를 보여 주고 있다. 수직 화살표는 서로 조화를 이루기 위해 당신과 회사가 함께 해야 하는 노력을 나타낸다(위로 향한 화살표는 단체의 조화 이루기 전략을, 아래로 향한 화살표는 개인적인 조화 이루기 전략을 나타낸다). 이런 노력들을 통해 양자의 목표는 더욱 가까워지고 같은 방향을 향해 계속 나아갈 수 있게 된다.

개인적인 목표를 논하기에 앞서, 조화 이루기를 위한 조직 수준의 전략을 집중적으로 설명하고자 한다.

- 회사의 전략을 인식함으로써, 당신은 경영인의 관점과 조화를 이룩하기가 쉽지 않은 일임을 알 수 있게 된다. 어떤 면에서 당신은 잠시나마 그의 입장에서 바라볼 수 있게 될 것이다.

- 회사의 전략을 이해할 수 있게 됨에 따라, 당신은 자신이 몸담고 있는 회사를 평가하고 그것에 부합하는 방법을 알 수 있게 된다. 회사가 실제적인 일상의 행동을 통해 조화를 이룰 수 있도록 당신을 지원해 주고 있는가? 그렇다면 그 방법은?

- 당신은 회사 내에서 당신의 영향력이 미치는 범위를 평가할 필요가 있다. 당신은 조화를 이루기 위한 조직 차원의 전략을 지원할 수 있는가? 더 나아가 이렇게 될 수 있도록 당신이 주도적인 역할을 할 수 있는가?

- 마지막으로 당신과 회사, 그리고 회사의 경영자들이 앞으로 더욱 발전된 조화를 이루기 위해 필요한 노력을 할 수 있는지 여부를 평가해야 한다.

조화를 이루기 위한 조직의 전략을 이해하기

자신의 개인적인 삶의 비전과 회사의 목표 사이에서 조화를 추구할 때 회사가 조화를 지원하기 위해 무엇을 하고 있는지, 그리고 그 과정이 어느 정도 어려운지 이해하는 것이 중요하다. 조화에 있어 조직의 노력은 다음 세 범주로 나눌 수 있다. 전략적 범주, 운영적 범주, 그리고 문화적 범주. 이 세 가지 범주에 있어 회사가 고려할 수 있는 선택 가능한 방법은 많이 있다. 하지만 다음에서 요점을 추려놓았듯이 조화를 위한 모든 시도 가운데 가장 중요한 몇 가지 전략이 있다.

1. 전략적 행동단계

- 임무, 비전, 그리고 가치를 포함하여 잘 정비된 조직의 목표를 개발한다.
- 사람들에게 의식적으로 가치를 부여하고, 권한을 위임하며, 보상을 부여하는 조직의 목표와 전략을 고안한다.
- 다각적인 장소에서 조직의 목표에 관해 항상 의견을 교환한다.
- 회사가 목표를 성취하기 위해 나아가는 과정에 대해 고용인들과 정보를 공유한다.

2. 운영적 행동단계

- 고용인들의 기술과 경험에 따라 적절한 위치에서 일할 수 있도록 하고, 그 위치의 요구에 창조적으로 부합할 수 있게 한다.
- 고용인들이 조직목표와 전략적인 방향에 맞추어 행동할 수 있도록 하는 평가 및 책임 시스템을 실행한다.
- 회사의 목표에 잘 부합한 뛰어난 수행에 대해 보상을 부여한다.
- 조화의 과정에 배치되는 모든 시스템과 절차를 제거한다.

3. 문화적 행동단계

- 사람의 가치와 조직의 목표를 동시에 새롭게 할 수 있는 방안에 대해 이야기한다.
- 개인적인 삶의 비전의 발견과 조화 이루기에 도움이 되는 훈련의

기회를 고용인들에게 제공한다.
- 정책결정에 고용인들이 참여하도록 격려하는 개방된 학습환경을 만든다.
- 조화를 실행에 옮긴다!

조화를 위한 핵심적인 전략적 행동단계

전략적 수준은 가장 높은 단계의 수준이라고 할 수 있는데, 이것은 회사의 전체적인 목표와 방향에 관한 것이기 때문이다. 따라서 이는 조화가 수용되는 가장 중요한 단계다. 만약 여기에서 조화가 수용되지 않으면, 운영 및 문화적 수준에서 차별성을 만들지 못하게 된다. 다음에 제시되는 네 가지 행동은 모두 전략적인 행동들로서 가장 기본적인 형태로 조화와 관련이 있다.

임무와 비전, 가치를 포함한 명확한 조직의 목표를 개발하기

중소 규모의 조직들 가운데 조직의 임무, 비전 그리고 가치를 명확히 규정하기 위한 노력을 하지 않는 예가 많다는 것은 놀랍다. 하지만 이것은 조화를 이루고 높은 수행능력을 갖춘 조직으로 변모하는 데 열쇠가 되는 중요한 단계다. 그 이유는 이에 대한 명확한 규명이 부재된 상황에서는 고용인, 고객, 주주 그리고 공급자들이 각자 자신들의 해석에 기초하여 결론을 이끌어 내기 때문이다. 만약 이들이 모두 동일한 악보에 맞춰 노래를 부르도록 만들고자 한다면 회사는 조직의 목표를 분명히 규명하는 것에서부터 출발해야 한다.

수백 개에 달하는 중소 규모의 조직들과 일해 오면서 내가 고용인들로부터 끊임없이 듣는 말 가운데 하나가 바로 회사가 어디를 향해 가고 있는지 또는 회사의 최우선 고려사항이 무엇인지 정말로 이해하지 못하겠다는 것이었다.

경영자들은 흔히 고용인과 고객들이 회사의 임무, 비전, 그리고 가치를 당연히 이해한다고 여기지만, 사실 그렇지 못하다. 따라서 기업이 존재하는 이유와 어디를 향해 가고 있는지 그리고 최우선 고려사항이 무엇인지를 분명하게 규명하는 것이 현명한 일일 것이다. 높은 수행능력을 갖춘 회사라면 모두 이런 질문들에 대한 해답을 찾기 위해 노력하며, 목표를 분명하게 정의내리기 위한 시간을 갖는다.

조직의 목표에 있어서 세 가지 기본 요소

- 임무 "조직은 왜 존재하는가?", "누가 조직의 고객인가?", "고객의 요구가 무엇인가?"와 같은 몇 가지 중요한 질문에 대한 해답이다. 이것은 왜 그 조직이 문을 열고 비즈니스 활동을 하고 있는가에 관한 가장 핵심적인 의미를 찾는 일이다.

- 비전 조직이 어떤 구체적인 특징을 통해 미래에 되고자 하는 명확한 그림이다. 달리 표현하자면, 비전은 그 조직이 자신의 임무를 충

실히 수행할 때 궁극적인 도착지점이다.

- 가치   그 조직이 확신하는 핵심적인 이데올로기이다. 비즈니스 활동을 할 때 그 조직이 지향하는 '행동코드' 다.

당신이 속한 회사 내에서 이 요소들을 찾아내는 것이 당신에게 주어진 도전과제다. 다행히 목표가 이미 명료하게 정해진 회사에서 일하고 있다면, 당신이 해야 할 일이 훨씬 수월해질 것이다. 그렇지 못하다면, 격의 없는 일종의 조사를 해 볼 것을 권하고 싶다. 몇 명의 중요한 고객들, 조직 내에서 표본 추출한 고용인들과 관리자들과 대화를 나누며, 다음과 같은 질문을 던져 보라.

"왜 이 비즈니스에 종사하는가?"
"누가 우리의 고객인가?"
"고객들의 요구는 무엇인가?"
"5년 후에 회사가 어떤 모습으로 변모해 있을 것인가?"
"우리가 미래에 추구하는 모습은 오늘날의 조직과 어떻게 다른가?"
"우리가 고객들을 대함에 있어 지향하는 행동코드는 무엇인가?"

이 질문에 대한 대답들이 일치하지 않는 양상이 나타난다면 이것은 조직 내에 상당한 문제가 있음을 뜻할 수도 있다. 나는 이런 경우에 해당하는 여러 조직들과 일한 경험이 있다. 이들은 조직적인 정신분열증을 보이며, 자신들이 누구인지 또 어디로 가고 있는지조차 확신하지 못한다. 초점이 산만한 대상과 조화를 이루기란 쉽지 않은 일이다. 다행히도 조사에서 일관성을 찾을 수 있었다면 조직의 임무, 비전, 그리고 가치를 발견할 수 있을 것이다.

조직의 목표와 전략 고안하기

사람을 소중하게 생각하고 권한을 위임하며 그리고 보상을 부여하는 전체 전략을 채택하는 회사는 이것이 장차 놀라운 보답이 되어 돌아온다는 것을 알고 있다. 비즈니스 환경이 점차 경쟁적으로 되면서 사람에게 가치를 부여하고 그들의 잠재력을 자극하며 조직의 목표와 그들의 목표가 조화를 이루도록 만들 획기적인 새로운 접근법이 요구되고 있다. 과거 10년 동안 이르지 못했던 미지의 땅을 향해 우리는 나아가고 있다. 사람을 관리하는 과거의 접근법을 버리고, 진정으로 사람에게 봉사하고 그들이 발전할 수 있도록 도와 줄 수 있는 방법을 배워야 한다. 그로 인해 조직은 예상치 못한 수행을 그 보답으로 받게 될 것이다. 당신의 회사는 고용인들을 얼마나 소중히 여기고 이들을 위해 얼마나 봉사한다고 말할 수 있는가?

1997년 12월 28일 시카고 트리뷴 지에 실린 다음의 기사가 이 점을 잘 설명하고 있다.

"오늘날, 많은 변화가 일어나고 있다고 고용전문가들은 말한다. 최고의 인력을 얻기 위한 치열한 시장경쟁에 놓여 있다는 것을 인식한 미국 회사들은 더욱 인간의 얼굴을 띠어 가고 있다. 경영자들은 고용인들이 새로운 기술을 개발하고 현재의 기술을 확장할 수 있도록 도와 줄 수평적 이동과 정신적 조언을 고무할 수 있는 프로그램에 착수하고 있다. 몇몇 혁신적인 기업들의 경우, 직원들이 삶과 경력 사이에서 멋진 균형을 취할 수 있도록 도와 주고자 하는 획기적인 계획을 내놓기도 한다."

그렇다면 그 몇몇 혁신적인 회사들은 어떻게 하고 있을까? 포춘 지가 최근에 미국 내에서 1위 기업으로 선정한 사우스웨스트 에어라인을 한번 살펴보자. 사우스웨스트가 고용인들을 소중히 생각한다는 것은 이미 세계적으로 널리 알려져 있다. 실제로 이 회사는 고객을 두 번째, 고용인을 첫 번째로 여기는 회사다. 이 회사의 본사에 들어서면 다음과 같은 거대한 표지판이 먼저 눈에 들어온다.

"사우스웨스트 에어라인 사람들은 현재 우리의 '창조자들'이다. 사우스웨스트 사람들은 아이디어를 신화로 바꾸었다. 이 신화는 계속해서 영양공급을 받는 한—우리들의 굴하지 않는 정신, 끝없는 에너지, 더 넓은 선의, 그리고 최고가 되고자 하는 불타는 야망으로 인해—앞으로도 계속 이어질 것이다. 뛰어난 사우스웨스트 사람들과 사우스웨스트 에어라인을 창조해 낸 사우스웨스트 에어라인 사람들에게 감사와 사랑을 전한다!"

이것은 무엇인가? 사랑에 대해 말하는 회사? 〈까다로운 사람들! 비즈니스와 개인의 성공을 위한 사우스웨스트의 이상한 비결Crazy Recipe for Business and Personal Success〉이라는 책에서 작가들은 이 뛰어난 회사가 자신의 말을 어떻게 실천하고 있는지 자세하게 보여 주었다.

고용인 주주제, 끊임 없는 의견교환, 그리고 고용인 표창제도 등은 모두 회사에 속한 사람들을 소중히 여기는 사우스웨스트의 문화를 보여 주는 실질적인 예이다. 긍정과 사랑이라는 혁신적인 문화는 항공업계에서 가장 뛰어난 결과들을 만들어 냈다.

또 다른 예로 휴렛 패커드가 있다. 수십 년 전에 설립된 이 회사는 설립 당시의 핵심적인 가치들을 흔들림 없이 지켜 오고 있다. 그 과정에서 휴렛 패커드는 지구상에서 가장 빠르게 변화하는 산업분야의 한가운데에서 살아남아 번영하면서 미국에서 가장 위대한 성공 스토리를 만들어 낸 회사 가운데 하나가 되었다. 휴렛 패커드의 핵심 가치들 가운데 하나는 고용인들에게 감사하고 그들을 소중히 여긴다는 것이다. 이 회사는 자신의 사람들이 가장 행복하고 조화로운 고용인이 되도록 하기 위해 놀라운 방안들을 행동에 옮긴다. 휴렛 패커드가 자신의 사람들을 소중히 생각하는 실제적인 조처들을 보면 최신설비를 갖춘 업무환경, 다른 대부분의 회사들이 무색할 정도의 혜택, 회사의 이윤을 모든 고용인들에게 정기적으로 배분하는 제도들이 포함되어 있다.

솔직히 말하자면, 우리는 이 수준에 달한 몇몇 '진보적인' 회사들보다 훨씬 더 많은 것을 필요로 한다. 분야를 막론하고 비즈니스 리더들에게 하고 싶은 질문은, 고용인을 소중히 생각하고 그들을 위해 봉사한다는 것에 초점을 맞춘 회사가 되도록 당신은 무엇을 하고 있는가? 지도적인 위치에 있지 않은 경우라 하더라도, 당신은 자신이 속한 조직 내에서 영향력을 가지고 있다. 어떻게 타인을 소중히 여기고, 봉사하며 그리고 권한을 위임함으로써 차별화할 것인가?이다.

다양한 장소에서 지속적으로 조직의 목표에 관해 이야기하기

조직의 임무, 비전, 그리고 가치에 관해서는 아무리 많은 말을 해도 부족하다. 비즈니스는 복잡한 분야이고 기업의 전략을 실천에 옮기는 과정에서 매일매일 새로운 예상치 못한 변수가 발생하기 때문에, 대화는 절대적으로 필요하다. 이 부문에 있어 당신의 회사는 어떻게 하고 있는가? 충분하고 유익한 대화가 오가는가, 아니면 가끔씩 대화하는 쓸모없는 자리가 되고 마는가? 경영자들이 주도적으로 대화에 임하는가? 당신은 어떤가?

여기에 풀뿌리 차원의 노력이 소기의 성과를 가져다 줄 수 있는 자리가 있다. 나는 경영자가 아닌 다른 누군가가 뉴스레터나 대화채널이 될 수 있는 어떤 형태를 통해 적극적으로 참여하는 많은 회사들과 일한 경험이 있다. 포틀랜드에 위치해 있는 나의 고객기업 가운데 한 곳은 회사의 임무, 비전, 그리고 가치를 향상시키기 위해 뉴스레터를 아주 훌륭하게 활용하고 있다. 매달 뉴스레터는 회사의 목표와 함께 하는 다양한 이야기들을 싣는다. 독자들은 그 회사의 임무가 실제 행동으로 옮겨지는 모습을 보며 고무적인 자극을 얻는다. 단순한 대화기재를 정기적으로 활용하는 방법으로, 이 조직은 그 목표를 꾸준히 추구해 가고 있다. 뉴스레터는 회사의 경영자들에 의해 만들어지는 것이 아니다. 그것은 진정한 풀뿌리들의 노력이다!

만약 당신이 지도적인 혹은 영향력을 미칠 수 있는 자리에 있다면, 공동의 목표와 그와 관련된 단계적인 목표에 관한 대화가 공식적·비공식적 형태로 자주 이루어질 수 있도록 해야 한다. 만약 지도적인 위치에 있지 않다면, 회사의 목표에 대해 이야기를 나눌 수 있는 장치를 만들기 위해 할 수 있는 것이 무엇인지 생각해 보라. 아마 자신이 속한 부서나 팀의 목표에 대해 대화의 기회를 늘이는 방법을 놓고 집중적으로 고민할 수 있을 것이다. 팀과 팀, 부서와 부서의 이런 작은 노력들이 커다란 누적효과를 가져올 수 있다.

과정에 대해 공개적으로 정보를 공유하기

산업영역에서 존재하던 명령과 통제는 이제 낡고 비효율적인 방식이 되어 버렸다. 지금은 정보화 시대다. 많은 기업들이 고용인들과 정보를 공개하고 공유하는 것이 그들로 하여금 더 나은 결정을 하도록 해 준다는 사실을 깨닫게 되었다.

이 개념은 '오픈 북 관리'라는 이름으로 널리 알려져 있다. 고용인들은 회사가 목표를 향해 나아가는 과정에 관한 정보를 제공받고, 자신들의 개별적인 노력이 더 나은 그림을 만드는 데 얼마나 적합한 역할을 하는지를 눈으로 확인한다. 고용인들이 자신의 일이 조직의 전체적인 목표에 얼마나 적합한지 이해할 때, 이에 더 조화하기 위해 큰 걸음을 띠게 된다.

조화를 위한 핵심적인 운영적 행동단계

적극적으로 조화가 촉진될 수 있는 두 번째 장소는 운영적 단계이다. 회사가 일을 처리해 가는 절차와 시스템들이 이에 해당된다. 어떤 조직이든 조화가 전략적·개념적 단계에서 실제적인 일상의 단계에 이를 수 있도록 장려하고 강화하기 위한 시스템을 가지고 있다. 다음에 소개될 네 가지 행동단계는 회사가 조화를 추구하기 위해 노력할 때 채택할 수 있는 가장 기본적인 수준의 노력이다.

고용인들의 기술과 경험에 맞는 위치를 찾아 주고, 그들로 하여금 창조적인 방식으로 그 위치의 요구에 부합할 수 있도록 한다

오늘날, 고용인들은 자신의 위치에 맞는 여러 다양한 기술과 경험을 쌓아가고 있다. 그들은 비즈니스의 역사에 있어 다른 어떤 분야의 사람들보다도 더 많은 교육을 받고 고도로 훈련되어 있다. 이것은 정보화 시대의 특징을 말해 주는 일면일 뿐이며, 이로 인해 회사들이 일의 성격을 설명하는 접근법도 훨씬 더 창조적으로 변하고 있다. 이들은 특정한 위치가 어떤 기능을 해야 하는가에 관한 딱딱하고 강요된 개념을 던져 버리고 있다. 이렇게 고도로 조직화된(그리고 진부한) 위치설명 대신, 회사들은 그곳에 속한 사람들의 재능을 창조적으로 표현하고 최대한 활용할 수 있는 더 많은 여지를 허락하고 있다.

우리 대부분은 자신의 일 속에서 '머리, 손, 가슴'을 모두 이용하고 싶어한다. 자신의 일을 통해 개성을 표현하고 자신의 개성에 따라 일할 수 있는 기회를 원하고 있다. 그러나 위치가 협의로 정의되거나 심하게 조직화되어 있을 때에는 그렇게 하기란 쉽지 않다. 오늘날 진보적인 많은 기업들은 고용인들이 제공하는 모든 것을 최대한 이용할 수 있는 더욱 융통성 있는 위치를 창조해 내려고 노력하고 있다. 그들은 고용인들로 하여금 자신들의 특정한 기술, 재능, 능력을 자세히 들여다 볼 수 있도록 만들고, 사람이 적절한 위치에서 조화를 이루도록 돕는다.

샌디에이고에 있는 나의 고객 가운데 하나인 첨단기술 장비를 제조하는 RDI는 이 부문에서 두각을 나타내고 있으며, 그들 임무의 골자는 다음과 같다.

"RDI는 의미 있으면서 보답이 주어지는 경험을 즐기고, 동시에 성장하며 이윤을 창출하는 기업이다."

이 속에는 말 그대로의 의미보다 더 큰 의미가 내포되어 있다. 나는 운 좋게도 1년여 기간 동안 그들과 함께 일을 한 적이 있었는데, 이 회사가 실제로도 직원들을 소중히 여기고 그들에게 일을 처리할 수 있는 권한을 위임했기에 이 임무를 실천에 옮기는 것이 되었다. 무엇보다도 이 회사는 직원들이 창의적인 자유를 발휘하면서 일할 수 있도록 했고, 자신에게 가장 적합한 자리에서 일하도록 만듦으로써 이를 실천에 옮겼다.

고용인들은 각자 흥미롭고 유의미한 방식으로 자신들의 일을 완수하도록 격려를 받는다. 시간이 흐르면서 직원들이 성장하고 발전함에 따라, 이 접근법은 내부적으로 상당한 업무 추진력을 불러일으켰다. 사람들은 그 회사에서 일하는 것을 좋아했고, 조화를 이룬다는 것이 무엇인지 실제로 경험하고 있다!

직원들이 조직의 목표와 전략적인 방향에 맞게 행동할 수 있도록 평가 및 책임 시스템을 시행한다

기업이 원하는 결과를 만들어 내는 데 실패하는 가장 큰 이유 가운데 하나는 업무수행을 평가하고 사람들에게 그 계획에 대한 책임을 지도록 만드는 시스템을 제대로 실행하지 못했기 때문이다. 중소 규모의 조직들은 큰 불을 진화할 수 있는 평가 및 책임 시스템을 간과한 채, 하루하루의 불을 끄는 데에만 매달려 있다.

직원들은 책임 시스템을 어쩔 수 없이 삼켜야 하는 역겨운 약처럼 여기기도 하지만, 이것은 모두를 위해 유익한 시스템이다. 이 시스템이 형편없는 수준이거나 의사소통이 제대로 이루어지지 않을 때 대개 이런 일이 일어난다. 만약 적절하게 체계가 갖추어지고 설명이 주어진다면, 이 시스템은 직원들로 하여금 성공을 확신하면서 동시에 회사의 목표에 조화를 이룰 수 있게 행동을 강화하도록 만들어 준다.

회사의 목표에 조화를 이룬 높은 업무수행에 대해 보상을 부여한다

직원들로 하여금 회사와 완벽하게 조화를 이루도록 만들기 위해, 재정 및 기타 다른 방식으로 보상이 부여되어야 한다. 평가 및 책임 시스템의 가장 중요한 요소 가운데 하나는 보상 체제다. 계획했던 목표에 부합하거나 목표를 초과한 직원의 업무수행에 대해 적절한 보상이 주어져야 한다. 이것은 많은 기업들이 늘 고심하고 있는 단순한 개념이다.

물론 모든 직원들의 요구에 부합하는 적절한 시스템을 고안한다는 것은 어려운 일이다. 잘 고안되고 실시되기만 한다면, 보수와 보상의 올바른 형식은 회사와 조화를 이루어 가는 데 도움이 될 것이다.

지난해, 나는 실리콘밸리에 자리 잡고 있는 중간 규모의 건설회사에 경영자문을 한 적이 있었다. 이 회사는 가장 치열한 비즈니스 분야에서 빠른 성장과 막대한 이윤을 남긴 기업이었다. 잘 고안된 조직의 보상 시스템이 회사를 튼튼하게 만들어 낼 수 있었던 것이다.

내가 이 회사와 일하면서 가장 먼저 한 일 가운데 하나는 관리자 계층의 직원들 한 사람 한 사람과 인터뷰를 하는 일이었다. 이들은 진심으로 그 회사에서 일하는 것을 좋아했고, 자신들이 이룩한 성취를 자랑스러워했다. 인터뷰의 공통적인 주제는 가치와 존중하는 마음으로 사람을 대하고 고객을 존중하는 핵심적인 조항에 대해 회사가 얼마나 확신하고 있는가 하는 것이었다.

또한 나는 그들에게서 자신의 사람들에 대한 강한 확신을 발견했다. 그들은 어떻게 이렇게 할 수 있었을까? 그 첫 번째가 배려하고 귀 기울여 듣는 태도를 통해서였다. 하지만 그들은 이에서 훨씬 더 나아가 전 관리팀과 함께 직원들이 정책결정에 참여하도록 넘겼다. 그리고 회사의 모든 직원들과 재정정보를 공개적으로 공유했다. 그 회사는 직원들이 무엇이 어떻게 되어 가고 있는지 알아야 한다고 생각했기 때문이다.

사람을 존중하는 가장 구체적인 증거는 남다른 이윤배분 프로그램의 형태에서 드러나고 있었다. 지난 몇 년 동안, 이 회사는 회사가 비즈니스를 하는 이유와 회사의 목표를 성취하도록 하기 위해 각자 어떤 역할을 해야 하는지 생각하도록 늘 환기시켰다. 이 목표들이 성취되었을 때, 회사는 직원들에게 이윤의 상당 부분인 4분의 1을 배분한다.

조화 이루기의 과정에 대해 비생산적인 모든 시스템과 절차를 제거한다

의외라고 여길지 모르지만, 오늘날 많은 조직들이 단지 "항상 그렇게 해 왔으니까"라는 이유로 낡은 시스템과 절차를 그대로 유지하고 있다. 오늘날 빠르게 변화하고 갈수록 경쟁적으로 되어 가는 환경 속에서 이런 태도는 재앙이다. 조화 이루기를 방해하는 시스템의 공통적인 예는 다음과 같다.

- 업무수행이 아닌 연공서열에 따라 수여되는 보상과 승진
- 시대에 뒤떨어진 의사소통 시스템
- 직원들로 하여금 회사의 방향과 수행에 대해 무지한 상태로 있게 만드는 정책들
- 직원을 위해 일하는 진취적인 부서라기보다는 온갖 잡다한 서류들로 가득한 인사국을 연상시키는 인력관리부서
- 간단한 일을 처리하는 데 필요한 시간 소요량을 증가시키는 관료적이고 진부한 절차들

나는 당신이 속한 영역에서 이 시스템과 절차를 시험해 보고 다음과 같은 간단한 질문을 던져 보기를 권한다.

"이 절차가 사람들의 조화에 도움을 주는가 아니면 방해가 되는가?"

일단 이 질문에 대한 답을 구하면 기능장애를 야기하는 절차를 폐지하고 조화를 촉진하는 절차를 만들기 위한 과정을 시작할 수 있다. 다시 말하면 이것은 당신의 모든 직원들이 함께 참여할 수 있는 부문이라는 것이다.

내가 함께 일했던 대부분의 회사들은 합리화와 개선에 대한 직원들의 제안을 높이 평가했다. 어떤 회사의 경우 능률향상을 가져오거나 자금절약을 가져 온 제안에 대해서는 금전적인 인센티브를 제공하기도 했다.

조화를 위한 핵심적인 문화적 행동단계

조화의 세 번째 영역은 조직의 문화와 일이 어떻게 처리되는가에 대한 인간적인 측면에 관한 것이다. 문화는 사람들이 함께 일하는 방식, 대화하는 방식, 경영자가 고용인들과 상호작용하는 방식, 고객을 대우하는 방식 등과 관련이 있다. 전략적인 운영 수준에서 조화 이루기가 수용되더라도 회사의 일상적인 문화 속에서 본질적으로 단절된다면, 그 효과는 곧바로 사라지고 만다. 문화가 조화 이루기를 받쳐 주어야 한다. 다음에 나오는 내용은 조화가 생동적으로 활발히 이루어질 수 있도록 하기 위해 회사가 취할 수 있는 네 가지 문화적 행동단계이다.

사람의 가치와 조직의 목표를 동시에 새롭게 변화시켜 주는 이야기

꾼 되기

이야기를 한다는 것은 경영인이 회사의 임무, 비전, 그리고 가치를 영속시키기 위해 채용할 수 있는 실제적인 파워 툴이다. 직원 개개인에게 조직의 목표와 방향에 대해 분명히 인식하게 하고, 개인적인 목표달성에 대해 그들을 칭찬하고 격려하는 것을 의미한다. 나는 맥스 디프리 Max Depree가 자신의 저서 〈리더십은 예술이다Leadership is an Art〉에서 지도자의 중요성을 이야기꾼으로(그는 이것을 '부족의 원로들'이라고 부른다) 나타낸 것을 적절한 묘사라고 생각한다.

"부족의 이야기꾼들, 다시 말해서 부족의 원로들은 조직의 변화과정을 지속적으로 유도해야 한다. 이들은 부족의 가치를 보존하고 생기를 불어넣어야 한다. 부단한 변화는 우리로 하여금 조직의 생존이 걸린 피할 수 없는 위기에 준비하도록 해 준다. 변화의 목적은 우리에게 개인으로써, 그리고 이를 통해 조직으로써 우리의 잠재력에 도달할 수 있는 여지를 부여하는 공동체가 되는 데 있다. 변화는 타인에 대한 진정한 봉사를 통해 온다. 이것은 결코 단순한 자기 영속의 과정을 통해 얻어지는 것이 아니다. 변화는 내부지향적인 유지가 아니라 외부지향적인 봉사이다. 변화는 모두에 관련된 것이지만, 이것은 부족의 이야기꾼에게 속하는 특별한 영역이다."

그렇다, 이야기를 하는 것은 지도자의 특별한 영역이다. 지도자는 존경받고 사람들로 하여금 영감을 끌어내는 존재이다. 하지만 최근에 당신은 자신의 의사소통 기술을 돌아본 적이 있는가? 사실, 우리는 누구나 이야기꾼이 될 수 있다. 자신이 속한 회사, 자신이 속한 팀, 혹은 부서의 목표를 적극적으로 이야기하기로 마음먹을 수가 있는 것이다. 당신은 조직이나 팀의 목표를 존속시키기 위한 의사소통을 하고 있는가?

훈련기회를 제공하기

많은 회사들은 다양한 주제의 워크숍을 통해 일과 삶의 균형을 유지하고 조화를 이루는 것이 중요하다는 것을 인식하고 있다. 시카고 트리뷴 기사에서 지적했듯이, 이것은 상대적으로 새로운 분야이며 지금도 여러 가지 해결책들이 개발되고 있다. 직원들에게 워크숍 기회를 제공함으로써 그들로 하여금 자신의 개인적인 목표를 발견하고 조직과 조화를 이루도록 도와 줄 수 있다. 피터 드루커 교수는 지식 노동자들은 올바른 조직과 함께 일하며 조화 이루기를 추구하고 있으며, 회사가 이를 충족시켜 주지 못하면 그들은 다른 고용의 기회를 찾아 떠난다고 말하고 있다.

조화 이루기 훈련을 위한 워크숍을 고안하고 실행함에 있어, 회사는 두 가지 수준의 변화, 즉 개인적인 변화와 조직적인 변화가 항상 동시에 일어난다는 것을 인식해야 한다. 대부분의 단체가 제공하는 훈련 및 교육은 조직 수준의 변화와 관련이 있다.

그 과정에서 개인의 변화는 흔히 간과되지만 실질적으로 조직적인 변화를 성공으로 이끄는 것은 바로 이 개인적인 변화다. 이것은 조화를 만들어 내기도 하고 조화를 깨뜨리기도 한다. 사람이 조직적인 변화를 이해해야 하고 그것을 믿고 지원해 주어야 한다. 사람이 이렇게 해 주지 못하면, 그것은 소용이 없다. 이것은 아마 전체적인 질적 관리, 조직 재충전 프로그램, 조직개선을 위한 주도적인 노력들이 75% 이상 실패에 부딪히는 주된 이유 가운데 하나일 것이다.

이런 주도적인 노력들이 변화의 인간적인 혹은 개인적인 측면에는 관심을 기울이지 않은 채, 대개 업무과정과 절차에만 초점이 맞춰져 있다. 직원들로 하여금 공동의 목표와 조화를 이루도록 만들고자 하는 회사라면 변화의 개인적인 측면에 눈을 돌려야 한다. 진정한 변화가 일어나는 것은 바로 이 가장 기본적인 단계에서다.

한 가지 예를 들어보자. 우리 회사는 전략적인 개선과정 혹은 변화를 위한 동기를 제공하기 위해 노력하고 있다. 이 변화를 위한 동기의 핵심은 좀더 효율적으로 변화하고 저변의 업무수행능력 향상을 도모하기 위해 특정 조직의 과정을 혁신적으로 재설계해 주는 데 있다.

그렇다면 이것을 실행하면서 가장 큰 어려움은 무엇이었을까? 짐작이 갈지도 모르겠다—그것은 인간적 내지는 문화적 수준에 있다. 우리가 추진하는 과정들이 더욱 적절하게 수정될 필요가 있으며 이를 좀더 효과적으로 만들기 위해서 일부 과정을 다시 고안할 필요가 있다는 것을 알았다. 왜 과정을 변화시켜야 하는지, 그 새로운 과정에서 사람의 역할이 무엇인지, 그리고 '일하는 새로운 방식'에 맞춰 어떻게 과거의 행동방식을 적응시킬 것인지를 사람들이 이해하도록 돕는 일은 훨씬 더 어려운 도전이었다.

그것은 명료하고 손쉬운 과정이 결코 아니었다. 사람들은 변화하는 것을 좋아하지 않으며 낡은 제도적인 습관을 끝까지 고수하려고 드는 경향이 있었다. 우리는 사람들이 변화의 문화적인 측면을 받아들이도록 하기 위해 아주 많은 시간과 자금을 투입했다. 사실, 자문을 위해 투입했던 실제 자금은 어쩌면 우리가 개인적인 변화에 들인 '눈에 보이지 않는 자금'에 비하면 아무 것도 아닐지도 모른다.

문제를 진단하고 그 문제를 바로잡기 위한 해결책을 생각해 내기는 쉽다. 그러나 해결책을 실행에 옮기는 것은 쉽지 않은 일이었다. 사람들은 새로운 해결책을 이해하지 못한다. 그들은 변화를 위협으로 느낀다. 어떤 사람들은 의도적으로 이런 변화를 방해하려 든다. 또 어떤 사람들은 공공연히 이에 저항한다.

그렇다, 변화하기 위해서는 공개성과 참여에 대한 확신이 있어야 하고, 그러한 변화에 적응하고 대처할 수 있는 적절한 툴이 사람들에게 주어져야 한다. 이런 사실을 염두에 두고 특별히 고안된 훈련 워크숍을 권하는 것도 바로 이 때문이다.

공개적인 학습환경을 창조하기

직원들은 참여하기를 원한다. 그들은 배우기를 원한다. 자신들의 아이디어를 공유하고 이로 인해 유발된 리스크를 평가할 수 있기를 원한다. 과거에는 자신들이 가진 창의성을 표현하거나 직장에서 자신들의 아이디어를 공유할 수가 없었다. 오늘날, 대부분의 조직은 직원들이 정책결정에 적극적으로 참여하고 새로운 기술을 배우기를 바란다는 것을 인식하고 있다.

경영인은 직원들이 참여하고 관여할 수 있도록 고무하는 환경을 마련해야 한다. 피터 센게Peter Senge가 〈제5경영Fifth Discipline〉에서 말하듯이, 진정한 학습환경을 창조해 내야 한다. 이런 환경 속에서 사람들은 리스크를 평가하고 시스템을 고안하는 일에 도전하도록 고무받는다. 새로운 일을 시도한다거나 실수를 했다는 이유로 처벌을 받지 않는다. 리스크를 감내하고 새로운 아이디어가 시험대에 오르는 과정을 통해, 목표를 성취할 수 있는 더욱 효과적인 방법을 발견할 수 있게 된다. 조직은 더욱 조화를 이룬 느낌과 함께 적극적이고 성공적인 직원들을 통해 보답을 받게 될 것이다.

행동으로 조화하기

결과적으로, 우리는 행동으로 조화 이루기를 실천해야 한다. 이것은 조직의 리더에게 특히 해당된다. 조화 이루기의 방법을 본보기로 보여 주는 경영자만큼 직원들에게 더 고무적인 것은 없다.

그렇기 때문에, 리더는 자신의 삶의 비전을 명확히 정하고 이를 조직과 적극적으로 조화시켜야 한다. 그리고 이 일에 정성을 들여야 한다. 이렇게 할 수 있는 리더가 다른 사람들에게도 동일하게 조화를 이루고자 하는 열정을 불어넣을 수 있기 때문이다.

조화를 함께 이야기하기 위한 원칙을 말해 보자. 나는 최근에 달리기를 시작했다—내 나이 서른다섯 살에. 여러 해 동안 달리기에 대해 말해 왔지만, 실제로 운동을 시작한 적은 단 한 번도 없었다. 이것은 나의 행동이 나의 말과 일치하지 않았다는 것을 보여 주는 것이다. 바로 이런 상황이 요즘 많은 기업과 사람들이 가지고 있는 문제다.

훌륭한 의지를 갖고 있기는 하지만, 고용인을 소중하게 여겨야 한다고 말하는 것 이상의 실제 행동을 거의 하지 않는 회사들이 많다. 회사의 리더가 개인적인 조화 이루기에 대한 확신이 없다면, 다른 사람들을 고무시킬 수 없다. 성공한 회사에는 자신의 행동을 조직 전체의 목표와 조화시키고자 집요하리만치 열심히 노력하는 리더가 있다.

얼마 전에 나는 회사의 경영인이 해야 할 일은 다음과 같은 세 가지 사항이고, 이 속에서 진정한 평가가 이루어질 수 있다고 믿는 회사와 일한 적이 있다. (1) 직원을 소중히 여기고, (2) 행하는 모든 일에 자신의 핵심 가치를 고수하며, (3) 조직의 전체 목표와 모든 전략이 조화를 이룬다.

이 얼마나 간단한가!

회사와 조직과 당신과의 조화

당신이 속한 조직은 어떠한가? 행동으로 조화 이루기를 실천하고 있는가? 회사의 최고 경영자들과 주요 정책결정자들의 일상의 행동 속에서 조직의 목표가 나타나는가? 직원들은 이 목표를 지지하고 회사가 정한 비전을 향해 나아가도록 협력하고 있는가? 회사가 제시한 전략들은 서로 일관성을 유지하고 전체적인 임무와도 부합되는가?

위에서 던진 질문에 대한 해답을 구하기 위해 지나치게 고심할 필요는 없다. 과학적인 연구가 필요치도 않고, 통계적으로 타당한 조사를 실시할 필요도 없다. 약 일주일의 시간을 두고 겉으로 드러나는 현상을 관찰하는 것으로 족하다. 주변을 둘러보라. 당신의 동료들은 어떻게 행동하고 있는가? 주요 직책에 있는 관리자들은 자신들의 시간과 정력을 어디에 바치고 있는가? 고객들은 어떻게 대우를 받고 있는가? 공동의 목표에 대한 강한 확신이 있는가?

위의 질문에 대한 답을 통해, 당신이 속한 조직은 규정된 목표를 확신하고 있고 직원들로 하여금 그 목표와 조화를 이루도록 노력하고 있다고 다시 확인할 수 있기를 희망한다. 그렇지 않다면, 몇 가지 질문을 더 해 볼 필요가 있다.

당신이 속한 조직은 앞으로 조화 이루기를 추구할 것이라고 생각되는가? 이와 관련하여 당신은 긍정적인 영향을 발휘할 수 있는가? 아니면 긍정적인 변화에 대한 희망이 거의 없는가? 현상에 대한 정직한 평가는 당신으로 하여금 그 회사에 계속 머물면서 변화를 요구하는 목소리를 낼 것인지, 아니면 조화를 추구하는 다른 회사로 옮길 것인지를 결정할 수 있도록 도와 줄 것이다.

여기에 제시된 기본틀의 주된 목표는 당신의 회사가 직면한 복잡한 과제에 대한 당신의 인식수준을 높이자는 데 있다. 조화는 어렵다. 회사가 조화 이루기에 대해 더 많은 것을 배우고 특별한 전략들을 시도하고자 노력하고 있지만, 우리에게는 여전히 실제로 조화가 이루어지도록 만들 방법을 배우기 위해 해야 할 일들이 많다.

당신의 회사에 대해 인내하는 마음을 가져라. 회사를 이해하고 회사가 어디에서부터 어떻게 오고 있는지 이해하기 위해 최선을 다하라. 앞으로 조화 이루기를 더 나은 단계로 향상시킴에 있어 회사의 관리자들로 하여금 다시 생각해 볼 수 있는 기회를 주어라. 끝으로, 조직 내에서 자신의 영향력 수준을 평가하라. 당신 자신과 다른 사람들을 위한 조화를 더 높은 수준으로 끌어올리기 위해 당신은 조직 내에서 무엇을 할 수 있는가?

연습문제1 **당신의 회사 평가하기**

아래의 목록은 높은 업무수행 성과를 이룩한 회사들이 조화 이루기의 수준을 높이기 위해 이용하는 몇 가지 실제 행동방안과 운용에서 좋은 결과를 가져온 것의 내용이다. 이에 관해 1에서 5까지 점수를 매김으로써 당신의 회사를 평가한다. 이 평가를 통해 당신의 회사가 현재 어디에 있는지 그리고 앞으로 당신이 적응하면서 변화할 수 있는 능력이 있는지를 전체적으로 가늠할 수 있어야 한다.

목적

— 조직은 명확하게 규정된 임무와 비전을 가지고 있다.
— 직원들은 조직의 목표와 그것을 수행하는 데 있어 자신들의 역할을 이해하고 있다.

― 조직의 전략은 조직의 목표달성을 직접적으로 뒷받침한다.
― 조직이 고객의 요구에 부합하고 있는지 평가하기 위해 고객으로부터 정보가 정기적으로 수집되고 있다.
― 고객은 그 조직의 목표가 무엇인지 알고 있다.
― 비즈니스 과정과 업무가 고객을 소중히 생각하고 고객을 위한 서비스 향상이라는 궁극적인 목표에 의해 꾸준히 검정받고 있다.
― 회사는 조화 이루기의 과정에 비생산적인 모든 시스템과 절차를 제거하려고 시도한다.
― 조직의 목표달성을 촉진하고 그 목표에 직원들이 개인적으로 조화를 이루도록 하기 위해 경영자는 이야기꾼이 된다.
― 조직은 정기적으로 성공을 축하한다.
― 부서와 기능 사이에서 조직의 목표가 잘 조화된다.

사람들

― 직원들과 공개적으로 정보가 공유된다.
― 회사는 직원들이 자신들의 일 속에서 의미와 성취를 발견하는 것이 중요하다고 믿는다.
― 직원들이 정책결정에 활발하게 의견을 반영하도록 장려한다.
― 직원들이 조직의 목표와 조화를 이루고 있는지 정확하게 측정하기 위해 평가 및 책임 시스템이 운용된다.
― 직원들은 직접적인 수익분배를 받는다.
― 직원들은 자신의 삶의 비전을 발견하고 조화를 이루기 위한 훈련의 기회를 제공

받는다.
— 직원들은 자신들의 업무수행과 관련하여 보상을 받는다.
— 조직은 직원들에 의한 조직목표 '소유제'를 장려한다.
— 조직은 진정으로 자신의 직원들을 소중히 여기고 존중한다.
— 직원들은 조직의 목표를 성취하기 위해 함께 협력하도록 고무된다.

원칙들

— 조직은 명백하게 규정된 가치관을 가지고 있다.
— 조직 내의 경영자와 관리자들은 자신의 말을 행동으로 보여 준다.
— 도덕적이고 원칙지향적인 사업결정을 하도록 도와 주는 훈련의 기회가 주어진다.
— 조직은 동기부여적인 문화를 장려한다.
— 조직은 모든 직원들 사이에서 끊임없는 학습이 이루어지도록 고무한다.
— 조직은 발전을 위해 변화는 필요요소라고 믿는다.
— 직원들은 실패에 대한 두려움 없이 새로운 아이디어를 시도할 수 있다.
— 조직은 문제해결을 위해 창의적인 접근을 하도록 장려한다.
— 직원들은 그 조직을 위해 일하고 있다는 것에 자부심을 가진다.

연습문제2 **조직 내에서의 당신의 영향력 범위 평가하기**

당신이 속한 조직 내에서 어느 정도의 영향을 미칠 수 있는지를 이해하는 것은 중요하다. 자신의 영향력 정도와 대인관계의 강도를 아는 것은 당신으로 하여금 회사에서 긍정적인 변화가 촉진되도록 만들 수 있는 기반이 된다.

1. 회사 내에서 당신의 현재 위치를 설명하라. 당신은 주로 어떤 책임을 맡고 있는가?
2. 그동안 조직 내에서 당신이 걸어온 발자취를 자세하게 설명하라. 현재의 위치까지 오기 위해 당신은 어떤 단계를 거쳐 왔는가?
3. 누가 당신에게 보고를 하는가? 당신에게 직접 보고를 하는 사람들과의 관계의 질을 어떻게 설명할 수 있겠는가? 특히, 당신이 그들에게 미치는 영향력의 성격을 설명하라.
4. 당신은 누구에게 보고를 하는가? 직속상사나 관리자들과의 관계의 질을 어떻게 설명할 수 있겠는가? 특히 당신이 그들에게 미치는 영향력의 성격을 설명하라.
5. 조직 내에서 자신의 동료라고 생각하는 이들과의 관계와 당신이 그들에게 미치는 영향력의 성격을 설명하라.
6. 당신이 특별한 영향력을 미치고 있는 조직 내에서 비공식적인 관계를 맺고 있는 사람들이 있는가?
7. 회사 내에서 긍정적인 변화를 시도할 때, 당신이 영향을 미칠 수 있는 세 가지 주요 영역을 말하라.

Chapter 2
조화를 위한 개인적인 전략

"이끌어 줄 사람을 기다리지 말라. 혼자 힘으로 하라. 개인 대 개인으로."

―캘커타의 마더 테레사

조화는 조직수준의 전략에 대한 이해로부터 시작하지만, 이렇게 되도록 만드는 힘은 대부분 개인에게 있다. 이것은 직원 한 사람 한 사람이 조화를 이루고자 결심하고, 이를 위한 방법을 강구해야 한다는 것을 뜻한다. 자신의 삶의 비전을 찾고 이를 회사와 조화시키고자 결심할 때, 당신은 이미 수행능력 향상을 위한 가장 중요한 단계의 하나를 시작하고 있다. 동시에 당신이 속한 회사는 당신의 수행능력 향상이 가져온 결과를 누리고, 양자 모두가 수행능력과 결과의 지속적인 향상이라는 긍정적이고 상승적인 발전을 창조할 수 있다.

조화는 '회사밖에 모르는 사람' 같은 상투적인 말이나 다른 사람들이 하는 것처럼 행동하라고 말하는 50년대식 홍보영화에 귀기울이 않는다. 조화는 조직의 로봇이 된다는 의미가 아니다. 그것은 삶의 비전으로 인해 당신과 당신의 일이 모두 충만하고 만족해지는 것을 뜻한다. 결과적으로 모두가 승자가 되는 것이다.

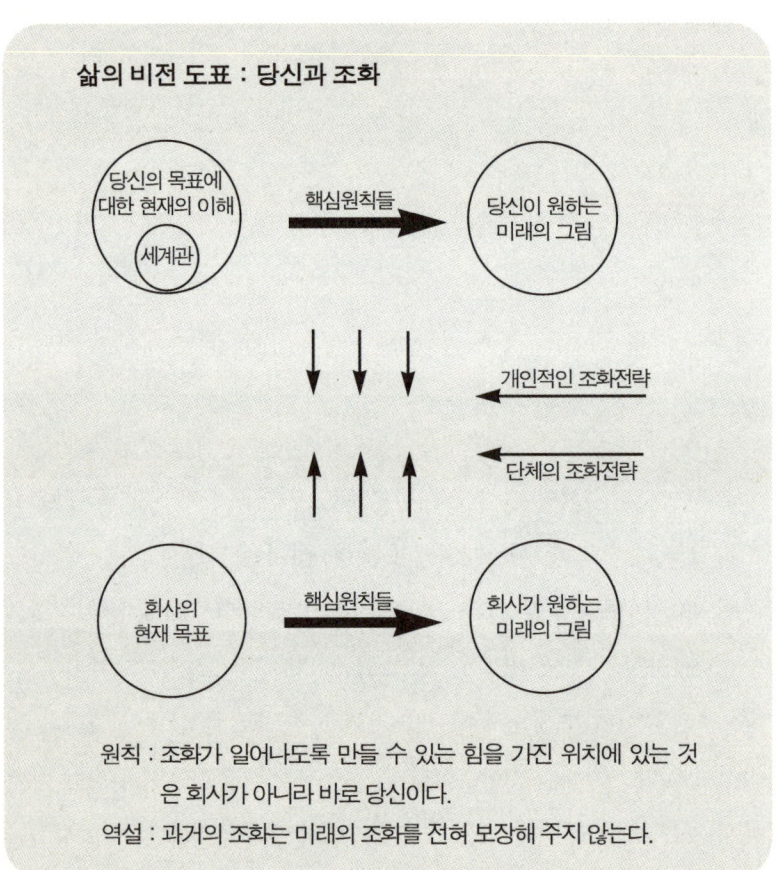

이 도표는 제2장 chapter2에서 보았던 도표와 동일하지만, 여기에서의 주안점은 조화를 이룩하기 위한 개인적인 전략에 있다. 조직수준의

전략만으로는 충분하지 않다. 이 일의 완수를 위해서는 무엇보다 개인의 행동이 중요하다. 가장 기본적인 의미에서 볼 때, 회사는 특정한 목표를 성취하기 위해 개인들을 조직화한 집합체 그 이상도 그 이하도 아니다. 그 조직에 속한 개인들이 각자 조화의 이점을 이해하고 그에 맞게 행동할 때, 조화의 진정한 힘이 형성된다.

chapter2에서 우리는 조직수준의 전략을 살펴보았다. 그리고 이제 조화의 개인적인 전략을 자세히 살펴보게 될 것이다. 물론, 이 과정이 최적으로 이루어지기 위해서는 이 둘이 균형을 이루어야 한다. 조화는 조직과 개인 모두의 적극적인 노력을 요구한다.

여기에서 드러나는 역설은 과거의 조화가 미래의 조화를 보장해 줄 것이라고 생각하는 사람들이 있다는 것이다. 비즈니스의 세계가 끊임없이 변화한다는 것은 수행능력이 가장 뛰어나고 최적의 조화를 이루었다 하더라도, 조화의 상태를 지속적으로 유지하기 위해서는 의식적인 노력이 필요하다는 것을 의미한다. 조화는 부단한 행동을 함축하고 있다. 현재 당신과 회사가 어느 정도 수준의 조화를 이루고 있는가에 상관없이 발전을 위해 취해야 할 실제적인 반응에 관해 논하고자 한다. 행동하지 않는다면, 당신은 변덕스러운 변화에 당신의 삶의 비전을 맡기는 쪽을 선택한 것이다. 단언컨대 이는 내가 권하는 바와 정면 배치되는 선택이다.

잠들어 있는 잠재력을 활용하기

그동안 많은 사람들이 나에게 자신들의 개인적인 삶의 비전을 회사의 목표와 조화시켜야 하는 이유를 물어 왔다.

"그것은 나의 개성을 포기하는 것이 아닌가요?"
"회사에 그토록 정력을 바친다고 해서 그것이 실제로 내게 무슨 이득이 있나요?"

당신은 엄청나게 많은 시간을 직장에서 보낸다. 따라서 그곳은 당신이 삶의 비전을 가장 잘 성취할 수 있는 사회집단 가운데 하나가 될 수 있다. 그렇다면 왜 완전하게 조화되고 이 조화가 가져다 줄 혜택을 맛보지 못한 채 자족해야 한단 말인가? 개인적 조화전략은 우리를 더 큰 도전, 인간존재의 의의 그리고 생산성으로 이끌어 준다.

정신분석 학자들은 인간은 자신이 가진 잠재력과 지적인 용량을 겨우 20~30% 정도밖에 사용하고 있지 않다고 말한다. 이 통계가 사실이라면 우리 모두는 충분히 이끌어 낼 수 있는 많은 자원을 사용하지 않은 채로 묻어 두고 있는 것이다. 우리는 누구나 자신의 생산성과 회사에의 기여를 증대시킬 수 있는 여지를 가지고 있다.

조화 연속체

컨설턴트로서 여러 해 동안 일해 오면서, 나는 대부분의 직장인들이 그들이 속한 조직과 자기 자신을 비교할 수 있는 어떤 기준을 필요로 한다는 것을 알게 되었다. 어떤 방정식으로도 '목표'나 '임무' 같은 비수학적인 개념을 측정할 수는 없지만, 조화 연속체는 당신의 목표가 당신이 속한 조직과 얼마나 일치하고 있는지의 정도를 가늠하는 데 효과적인 방법이 될 수 있다.

연속체의 한쪽 끝은 조화가 전적으로 결여되어 있고, 반면 다른 한쪽 끝은 완벽한 조화를 이루고 있다. 다음의 질문에 대답하고 1에서 5까지의 점수를 매겨 당신과 당신이 속한 조직이 연속체의 어느 지점에 위치해 있는지 가늠해 볼 수 있다.

1. 당신은 당신이 속한 조직의 일원으로서 개인적으로 소중하게 존중받고 있다고 믿는가? 이러한 가치와 존중은 구체적인 방식으로 나타나는가?
2. 당신은 회사의 임무를 믿고 전적으로 지지하는가?
3. 회사의 비전은(미래에 존재하게 될 위치) 당신에게 흥미와 영감을 불어넣어 주는가? 회사가 비전을 성취하도록 만들기 위해 적극적으로 역할하고 있는 자신의 모습을 그려볼 수 있는가?
4. 회사에서 당신의 개인적인 성장과 발전이 어느 지점에 이르러 있는가? 회사에서 당신의 역할이 개인적인 목표에 있어 적극적인 성취가 되고 있거나 또는 그러한 성취를 향한 든든한 디딤돌이 되고 있는가?
5. 회사의 핵심 가치는(비즈니스 방식) 당신의 개인적인 가치와 어느 정

도 일치하는가?

다섯 가지 질문에서 얻은 점수를 합계한 후 아래에 나와 있는 연속체에 점수를 표시한다.

대부분의 경우 연속체 상에서 중간 범주(13에서 20) 어느 지점에 점수가 표시될 것이다. 이것은 대개 종형효과bell curve effect라고 불린다. 어떤 그룹에서든, 높은 조화상태와 낮은 조화상태에 속하는 사람은 전체에서 작은 비중을 차지한다. 대다수의 사람들은 중간 어딘가에서 자리를 잡을 것이다. 연속체 상에서 당신이 어디에 위치하든 상관없이, 내가 개인적인 조화전략이라고 부르는 것을 실천에 옮길 수 있다면 충분히 조화 정도를 향상시킬 수 있다.

중간 점수에(13—20) 해당되는 사람들과 조화를 향상시키고자 하는 모든 이들을 위한 전략

우리는 누구나 우리가 봉사하고 있는 조직과의 관계를 개선시킬 수 있다. 당신에게는 변화를 일으킬 능력이 있다는 것을 기억하라. 여기 고려해 볼 만한 여섯 가지 개인적인 전략이 있다.

일에 대한 태도와 접근법을 평가하라

조화를 향상시키기 위한 첫 번째 단계는 거울을 들여다보는 것이다. 다시 말해서, 당신은 먼저 일에 대한 자신의 태도와 접근법을 점검해야 한다. 당신의 일 속에서 불행한 기분을 느끼거나 재능을 충분히 발휘하지 못한다는 기분이 드는 경우, 다른 누군가 혹은 무엇인가에 원인을 돌리기가 쉽다.

"우리 회사는 나를 알아주지 않아."
"나의 상사는 고압적인데다 맞춰 나가기가 힘든 사람이야."
"우리 동료들은 자신의 역할을 제대로 하지 못해."

이것은 우리가 느끼는 불만의 원인을 자기 자신이 아닌 다른 무엇에게로 돌릴 때 흔히 보게 되는 예이다. 그 문제에 대해 자신의 책임을 진정으로 찬찬히 살펴본 적이 있는가?

유쾌하지 못한 업무상황을 만들어 낼 수 있는 요인은 여러 가지가 있겠지만, 그 문제를 가져온 원인 가운데 하나가 나는 아닌지 스스로에게 물어 보는 것이 중요하다. 우리 삶의 어느 측면이 잘못되었을 때, 우리는 비난할 대상을 찾는 경향이 있다. 그 문제의 발생원인이 자신이라는 것을 인정하고 싶어하지 않는다.

비즈니스—혹은 어떤 다른 영역—에서 성공한 사람들은 자신들의 행동에 대한 책임을 인정하는 것을 두려워하지 않는다. 당신도 그래야 한다. 자신이 원하는 개인적인 성장을 경험하는 데 실패하거나, 또는 당신이 속한 조직이나 동료들과 일치감을 크게 느끼지 못한다면, 스스로에게 다음과 같은 질문을 던져 보라.

- 일에 대한 나의 태도는 생산적인가?
- 일에 대한 나의 태도가 실제로 그 일이 완수되는 데 일조를 하고 있는가?
- 새로운 사고와 그 일을 완수하기 위한 새로운 방법을 실제로 시도해 본 적이 있는가?
- 내가 겪는 좌절감 가운데 나의 잘못으로 인한 경우는 얼마나 되는가?

이 질문들에 대해 솔직하다면 더욱 분명하게 조화에 다가갈 수 있다. 우리는 자신의 태도나 접근방법이 능력을 충분히 발휘할 수 있는 환경을 만들어 내지 못하는 원인이 될 수 있다는 것을 제대로 인식하지 못하고 있다.

수Sue는 연간 매출액이 2천만 달러에 달하는 부품제조회사의 영업담당자였다. 그녀는 회사가 성공하기를 진정으로 원했다. 영업 분야에 대해 잘 알고 있었던 그녀는 회사의 뛰어난 자원이었고, 영업실적 또한 우수했다. 하지만 시간이 지남에 따라 수는 몇몇 부서의 책임자, 그리고 직원들과 관계가 소원해지게 되었고, 갈등을 해소하려는 시도는 그녀를 다른 사람들과 더욱 멀어지게 하는 결과를 가져왔다. 그녀가 이해하지 못하고 있었던 것은 다른 모든 사람들과 함께 일하는 것이 얼마나 어려운가 하는 것이었다.

우리 회사는 이 회사를 도와 필요한 자문을 제공하는 일을 요청받았는데, 이 과정에서 우리는 다른 사람들과 수 사이의 문제를 발견하게 되었다. 수를 비롯하여 다른 부서의 책임자들과 일하면서, 우리는 그녀의 업무 스타일에 있어서의 부정적인 면을 그녀가 이해할 수 있도록 도와 주었다. 수는 이 사실을 받아들이기가 어려웠지만, 자신의 뛰어난 영업실적이 조직 내에서 자신으로 인해 유발되는 문제에 대한 변명이 될 수는 없다는 것을 인정했다. 배려와 존중의 눈으로 사실을 바라보면서, 수는 자신에게 문제가 있다는 것을 깨달았다. 회사의 목표를 성취하고 장기적인 성공을 위해 그녀는 자신의 행동을 바꾸어야 할 필요가 있었던 것이다.

개인적인 삶의 비전을 평가하라

사람들이 제대로 조화를 이루지 못하는 상황에 처해 있을 때 나는 항상 이렇게 묻는다.

"당신의 개인적인 삶의 비전을 발견하고 평가하기 위한 적절한 방법을 시도해 본 적이 있습니까?"

조화 이루기의 부족은 개인적 삶의 비전을 잘못 정의 내리고 있거나 혹은 전혀 가지고 있지 않은 데서 비롯된다. 자신의 삶의 비전을 발견하고 이를 분명하게 인식하려는 노력을 하지 않는다면 어떻게 자신이 속한 조직과 조화 이루기를 기대할 수 있겠는가? 당신의 삶의 비전이 무엇인지 인식할 시간이 없거나 혹은 그 방법을 모른다면, 지금 시작해도 늦지 않다.

　당신이 지금 하고 있는 일은 당신의 개인적인 목표, 재능 그리고 강점을 가장 잘 표출할 수 있는 방법이 될 수 있다. 자신의 삶의 비전이 무엇인지 규정할 때, 우선 자신의 일이 개인적인 삶의 비전을 성취하는 것인지를 자문해 보아야 한다. 이 질문에 대한 답을 구하는 가장 좋은 방법은 1장에 나오는 일과 관련한 네 가지 목표 요소들을 평가하는 것이다.

- 당신의 기술, 재능, 그리고 능력　이것들은 당신이 현재 이용할 수 있는 특별한 경쟁력이며, 따라서 당신은 일 속에서 이들을 신중하게 활용할 수 있어야 한다.

- 당신의 개성과 기질　삶을 영위하고 다른 사람들과 관계를 맺는 독특한 방식을 갖고 있는 당신에게는 적어도 한 가지 특이한 개성이 있다. 따라서 당신의 일은 당신의 개성과 맞아야 한다.

- 당신의 개인적인 이력과 경험　당신의 이력서는 일에 있어 가장

소중한 자산 가운데 하나이다. 과거의 성공을 평가하고 경험을 얻는다면, 당신은 모든 노력을 현재에 집중할 수 있을 것이다.

- **당신의 열정과 흥미** 삶이 짧다고 하지만 일을 통해 자신의 열정과 흥미를 표현하지 못할 정도로 짧지는 않다. 자신이 흥미와 열정을 느낄 수 있는 것에 노력을 쏟을 수 있어야 한다.

위에 제시된 각각의 사항들을 평가한 후에 만약 현재의 직업이 당신의 목표와 부합하지 않는다고 깨달았다면, 당신은 이미 어떤 결정에 이르게 된 셈이다. 당신이 속한 조직 내에서 당신에게 더 적합하게 여겨지는 다른 위치가 있는가? 다른 고용주를 찾지 않고도 자신의 기술을 다르게 활용할 수 있는 방법이 있는가? 당신이 기여할 수 있는 다른 조직을 찾아야 할 것인가?

창조적이고 전략적인 조화 이루기 계획을 수립하라

현재의 고용주와 보다 더 조화를 이루고 싶다면, 다음 단계는 전략적인 조화 이루기 계획을 수립하는 것이다. 이 계획은 오로지 당신이 꿈꾸는 목표와 전략에 근거해야 한다. 기본적으로 이것은 당신의 삶의 비전, 당신이 속한 각각의 커뮤니티를 위한 목표 특히 당신이 하고 있는 일, 그리고 당신의 목표를 성취하기 위해 실행에 옮기고자 하는 세부적인 전략들로 구성된다. 모든 조화를 위한 계획은 앞에서 언급한 네 가지 요소들을 충분히 고려해야 한다.

창의와 상상력을 발휘하여 자신의 목표와 전략의 기저를 형성하게 될 개념들을 만들어야 한다. 아인슈타인은 "상상력은 지식보다 더 중요하다"고 말한 바 있는데, 이것은 전략적인 조화 이루기 계획의 수립에도 그대로 적용된다. 상상력을 자극하기 위해, 당신이 늘 만나는 친구와 직장동료 등 일반적인 인간관계 범주 밖에 있는 사람들과 이야기를 나누려고 노력하고, 조언을 구하라. 그리고 평소에 읽지 않던 책이나 자료들을 찾아 읽어라.

때로 위대한 문학작품이나 시가 이전에 없던 상상력을 자극할 수도 있다. 일상적인 환경으로부터 벗어나 여행을 하라. 실내에서 일을 한다면, 숲을 찾아 떠나라. 한적한 시골에서 살고 있다면 도심을 거닐어 보라. 이렇게 일상적이지 않은 환경 속에서 머릿속을 오가는 갖가지 생각과 자극들은 틀에 얽매이지 않고 생각하도록 만든다는 것을 나는 일찍이 알게 되었다.

상상력은 제대로 평가받지 못하고 있는 수단들 가운데 하나다. 창의적이 될 수만 있다면, 대부분의 모든 상황을 당신이 원하는 대로 돌아가도록 만들 수 있다. 어떤 창의적인 해결방법을 찾아낸 다음, 당신이 영향을 미칠 수 있는 범위 내의 동료들과 이것들을 공유하라. 이제 개인적인 목표와 회사의 목표 사이에 벌어진 간극을 메울 수 있는 조화계획을 창의적으로 만들어 내는 일을 시작하라.

계획을 고수하라

다른 사람들이 당신을 대신해서 해 주기를 기다릴 수는 없는 일이다.

당신은 자신의 운명을 만들 수 있는 사람이며, 그 누구도 당신보다 당신의 성공을 바라는 사람은 없다. 전투에서 가장 어려운 순간은 바로 작전을 개시하는 것이다. 일단 계획을 수립한 다음에는 이것을 고수하라.

당신은 진공상태에서 일하고 있는 것이 아니기 때문에, 조화이루기 계획의 성공 여부는 때로 함께 일하고 있는 동료들의 행동과 반응에 달려 있다. 유연하게 행동해야 한다는 것을 기억하라. 당신을 둘러싸고 있는 모든 사람들이 당신의 계획표에 따라 움직인다고 생각해서는 안 된다. 계획의 일부가 예상과 달리 순조롭게 진행되지 않는다면, 이를 수정하고 다시 계속한다. 대부분의 조화 이루기 계획들은 시간이 흐르면서 예상과 다소 다르게 진행될 수 있다는 것을 기억하라.

과정을 개선하라

비즈니스의 성공에는 세 가지 주요한 규칙이 있다고 흔히 말한다. 그것은 대화하고, 대화하고, 또 대화하는 것이다. 직장생활이 그렇게 간단하지가 않기 때문에, 대화는 조화를 추구할 줄 아는 당신에게 아주 중요한 역할을 한다. 이 과정에서 다른 사람들과 정보를 공유하는 것을 두려워해서는 안 된다. 사려 깊고 신중하게 행동하되 당신이 무엇을 얻으려고 노력하는지 당신 자신에 대해 무엇을 변화시키고자 하는지 사람들이 알 수 있도록 한다. 그 이유는 일에 대한 당신의 새로운 접근법을 다른 사람들이 인식하도록 만들 때, 당신에 대한 그들의 태도를 조절하도록 만들 수 있기 때문이다.

이 전략은, 부모님이 나의 학문적인 노력을 이해하고 지지하도록 만들었을 때, 일리노이 주립대학에서 동료 교수들과 함께 일했을 때, 내가 일터에서 배우고 변화시키고 성장하고자 한다는 것을 나의 직장 상사들이 인식하도록 만들었을 때, 특히 효과적이었다.

세상은 당신의 성취와 변화에 관심을 기울이지 않는다. 우리가 하는 대부분의 일들은 상대적으로 명료하지 않은 가운데 일어난다. 당신을 가장 잘 알고 있는 사람은 바로 당신 자신이며, 따라서 당신이 가진 장점을 유리하게 이용할 줄 알아야 한다.

성공을 축하하라

자신의 계획을 하나씩 성취해 갈 때, 이를 축하하는 것을 잊지 말라. 어쩌면 당신은 처음부터 당신의 계획이 제대로 출발했다는 것을 축하하고 싶었을지도 모른다. 축하는 자신의 과정과 환경, 태도에 일어난 변화를 스스로 잊지 않고 인식하는 방법이다.

축하의식은 스포츠 경기나 콘서트 입장권, 멋진 레스토랑에서의 근사한 식사, 주말여행처럼 간단해도 무방하다. 당신이 속한 조직과의 관계에 있어 중대한 변화를 이룩해 낸 자신에게 보상을 주는 일은 중요하다. 당신은 조화를 위해 움직이고 있으며, 이 움직임은 당신의 삶을 한층 높은 수준으로 올려놓을 것이다.

높은 점수(21—25)를 얻은 사람들을 위한 특별한 전략 당신의 조화 이루기 점수가 21점 이상이라면, 축하한다! 좋은 점수를 얻었다고 해서 앞으로 조화라는 어려운 과제에 직면하지 않을 것이라는 뜻이 될 수는 없지만, 이것은 적어도 앞으로 조화를 이룩할 가능성이 더욱 높다는 것을 뜻한다. 이 수준의 조화도는 당신이 진정한 영향력을 발휘할 수 있는 강력한 위치에 있다는 것을 의미한다. 이러한 위치를 현명하게 이용하는 데 도움이 될 만한 다섯 가지 개인적인 전략을 소개한다.

자기인식의 정도를 높여라

오늘의 조화가 내일의 성공을 보장해 주지 않는다. 비즈니스 세계는 날로 급격하게 변화하고 있다. 당신이 한 가지 도전을 극복했다고 느끼는 순간, 새로운 경쟁자나 동료, 고객은 당신으로 하여금 다시 새로운 비즈니스 방식을 추구하도록 만든다. 이런 모든 변화에 어떻게 대처하고, 조화하며 최상의 틀을 유지할 것인가? 우리가 할 수 있는 것은 스스로에 대해 더욱 분명하게 자각하는 것이다.

chapter2에서 언급했듯이, 미국 최고의 리더십 교육기관인 CCL에 따르면 자기인식은 유능한 지도력의 가장 두드러진 특징 가운데 하나이다. 유능한 사람들은 자신의 강점과 약점, 실제로 드러난 모습과 드러나지 않은 모습 모두를 이해하기 위해 시간을 투자하고, 자기 자신과 자신의 행동을 완전히 이해하고자 한다. 모든 가능한 자원을 통해 자신들의 행동과 능력에 관한 피드백을 구한다. 자기 자신에 대한 인식 정도가 높을수록 당신은 다가올 성공을 위한 개인적인 변화와 확신을 위해 필요한 많은 정보를 얻을 수 있을 것이다.

일상의 기본적인 것에 집중하라

자신이 하고 있는 일로부터 최대한 많은 것을 이끌어 내기 위해서는 일상에 대한 확신이 있어야 한다. 조화의 상태를 유지하기 위해 정신적, 육체적, 정서적 그리고 종교적으로 스스로를 재조명해야 한다. 다음과 같은 질문을 스스로에게 해 보라.

- 나의 개인적인 삶의 비전은 무엇인가?
- 이 삶의 비전을 성취하기 위해 나는 무엇을 할 것인가?
- 삶의 비전을 향해 가는 길에 장애가 되고 있는 것은 무엇인가?
- 나의 회사가 지향하는 목표와 더 잘 조화를 이룰 수 있는가?

매일 그 무엇으로부터 방해받지 않는 시간을 만들어라. 조깅을 하거나 자전거를 타는 동안에 자신을 되돌아 볼 수도 있다. 뜨거운 커피 한잔을 마시면서 혹은 조용한 방안에서 잠시 생각하는 시간을 가지면서 이렇게 할 수도 있다. 바로 당신을 위한 시간과 장소, 그리고 활동을 발견하고, 매일 이들과 만나라. 위에서 던진 광범위한 질문에 대해 대답할 수 있다면, 일상의 세세한 부분에 더욱 적절하게 집중할 수 있게 될 것이다.

개인적인 조언자가 되라

당신이 다니는 회사와 조화를 이루는 것도 좋지만, 전체의 이익을 위한 대변자가 되는 것은 훨씬 더 좋은 일이다. 당신이 속한 조직의 다른 사람들에게 영향을 미칠 수 있는 가장 쉬운 방법은 개인적인 조언자가 되는 것이다. 조언자가 된다는 것은 당신의 이야기를 다른 사람들과 함께 나누는 것이다. 이것은 일과 삶의 비전 모두에 있어 적극적으로 다른 사람들을 돕는 것이다. 조언자가 된다는 것은 무척 번거로운 일처럼 여겨지기도 한다. 그렇지만, 당신의 동료들이 자신의 일 속에서 성취를 발견할 때, 더욱 쉽게 용기와 격려를 북돋워 줄 수 있다는 것을 알게 될 것이다. 당신이 가진 것을 주어라, 그러면 예상치 않은 방식으로 보답이 올 것이다.

유능하고 적극적인 조언자가 되라

- 자신의 영향력이 회사 전체, 부서 내부, 혹은 팀 수준 등 어느 정도의 범위까지 영향을 미치는지 평가한다.
- 자신의 영향권 내의 동료 가운데 일에서 성취감을 느끼지 못하거나 조화를 이루지 못하고 있는 동료가 있는지 살펴본다.
- 삶의 비전을 발견하고 성취하기를 원하는 동료가 자신의 비전에 대해 기록하고 개인적인 목표와 조직적인 목표를 조화시킬 수 있도록 돕는다.

조화시키는 것을 경험한 동료들은 당신의 일터에 활력을 가져다 주며, 이로 인해 당신이 속한 팀 혹은 부서는 더욱 생산적이 될 것이다. 이러한 경험을 한 사람들은 다시 다른 사람을 위한 조언자가 되어 줄 것이고, 당신은 자신이 회사 내에서 작은 혁신을 처음으로 시도하고 변화와 활력을 가져 온 사람이 되었음을 알게 될 것이다.

혁신과 창조의 힘을 이끌어내라

"오늘날, 사람들은 더욱 현명하고 기민해졌다. 그러므로 기업이나 기업에 속한 사람이 경쟁력을 유지하는 주된 열쇠는 어떻게 혁신적이 될 수 있는가에 있다"고 하버드 경영대학원 존 카오John Kao 교수는 말한다. 높은 업무수행 능력과 조화수준을 유지하기 위해서는 지속적인 혁신의 추구가 중요하다. 당신이 가진 창조력을 의도적으로 개발하는 것이 그 열쇠이며, 이렇게 하는 데는 여러 가지 방법이 있다.

오늘날 훈련 전문기관들은 창조성에 관한 다양한 워크숍을 개최하고 있다. 이는 완전히 새로운 사고 및 업무 방식과 접할 수 있는 더할 나위 없이 좋은 기회이다. 워크숍은 창조적으로 된다는 이해하기 어려웠던 부분에 대한 해답을 얻고 특정한 사람들만이 혁신적으로 될 수 있다는 잘못된 고정관념을 바꾸는 계기가 될 수 있다. 당신이 하는 일에 창조라는 툴을 실제로 적용할 수 있는 방법이 얼마나 많은지 알게 된다면 아마 당신은 놀랄 것이다.

또한 그리 많은 수고를 들이지 않고도 새로운 아이디어를 자극할 수 있는 방법이 있다. 매일 혹은 매주 아무 것에도 구애받지 않고 자유롭게 사고할 수 있는 시간을 따로 마련하는 것이 한 가지 방법이다. 실제로 직원들에게 일하는 시간 가운데 이러한 자유사고의 시간을 따로 가지도록 장려하는 회사들이 있다. 당신이 일하는 분야와 관련이 없는 정기간행물들을 구독하라. 다른 사람들은 세상을 어떻게 바라보는지 전혀 새로운 시각을 읽을 수 있을 것이다.

퍼즐을 푸는 것이 어떤 사람들에게는 효과가 있다. 퍼즐이나 두뇌를 자극하는 문제풀이는 문제를 다른 시각에서 바라볼 것을 요구한다. 문제를 풀기 위해서는 사고하는 방법을 바꾸어야 한다. 이런 식으로 사고를 자극함으로써, 일터에서 당신이 풀어야 할 실제문제에 직면했을 때 마찬가지 태도로 접근할 수 있게 될 것이다.

마지막으로, 인간관계의 범위를 넓힘으로써 많은 신선한 아이디어를 얻을 수 있다. 다른 사람들과 대화하는 기술을 연구하고, 회사 안팎에서 여러 다양한 사람들과 흥미로운 주제를 놓고 생각을 교류함으로써, 당신은 사고방법을 바꾸어 줄 훌륭한 통찰력을 얻고 일이 주는 여러 가지 도전에 맞설 새로운 도구를 갖추게 될 것이다.

적절한 수준의 위험을 감수하라

조화는 당신이 속한 조직 내에서 더 많은 것을 성취하는 데 아주 훌륭한 지렛대가 되며, 리스크를 감내할 수 있는 아주 좋은 위치를 차지하게 한다. 물론 당신이 어느 정도의 리스크를 감수하고 있는지 늘 예측할 수 있어야 한다. 자신이 해야 할 일들을 하고, 그로 인해 초래될 모든 가능한 결과를 미리 예상하라는 것이다.

이것은 결코 무모해지라는 뜻이 아니다. 회사의 성장에 적극적으로 참여하고자 한다면, 즉 단순히 시키는 대로 따르는 것 이상의 더 많은 일을 하고 싶다면, 기존에 하던 것보다 한 발짝 더 나아감으로써 당신이 속한 회사와 당신 자신 모두를 이롭게 하라는 것이다. 직장 내에서 당신의 중요성이 더 커질 뿐 아니라, 당신의 삶에서 일이 더욱 중요해질 것이다.

1994년, 내가 회사와 진정으로 조화를 이루고 있다는 기분을 느꼈을 즈음 나는 샌디에이고에 컨설팅 지사의 설립을 추진하는 일을 맡게 되었다. 그것은 내게 위험부담을 요구하는 일이었다. 나는 그때까지 줄곧 중서부 지역에서 살아왔고, 일리노이 주를 떠나서 직장생활을 해 본 적이 한번도 없었다. 그런데 지금 회사는 내게 낯선 곳으로 가서 처음부터 시작하라고 요구하고 있는 것이었다.

나는 그러한 위험을 기꺼이 감수했고, 지금 나의 선택이 소기의 성과를 거두었다고 안심하고 말할 수 있을 정도가 되었다. 이전에 내가 했던 모든 시도와 경험들을 이 새로운 컨설팅 업무에 쏟아 부었기 때문에 훨씬 더 큰 조화를 이룩할 수가 있었다. 내가 하는 일에 이전보다 훨씬 더 큰 만족을 느끼고 있으며, 이러한 만족은 여러 가지 면에서 더 큰 성공으로 나타나고 있다.

낮은 점수를 얻은 사람들을 위한 특별한 전략(12점 이하)

조화 연속체에서 12점 이하의 점수를 얻었다면, 당신은 심각할 정도로 조화로부터 벗어나 있거나, 회사의 임무, 비전, 그리고 가치에 관한 올바른 정보를 얻는 데 장애를 갖고 있다.

조화도가 낮고 희망이 없다고 판단하기에 앞서 먼저 시간을 갖고 자신이 필요로 하는 정보를 가지고 있는지 살펴보기 바란다. 조화 연속체에서 제시된 질문에 솔직하게 대답하기 위해 당신이 속한 조직의 임무, 비전, 그리고 가치가 무엇인지 명확하게 규명해야 할 필요가 있을지도 모르기 때문이다.

적절한 정보를 가지고 있음에도 불구하고 여전히 연속체에서 낮은 점수대에 속한다면, 당신은 중대한 결정을 내려야 한다. 회사를 옮기거나 현재의 업무상황에 대한 다른 대안을 찾아야 한다. 그러나 회사를 떠난다는 것은 쉽지 않은 결정이므로 되돌릴 수 없는 발걸음을 떼기 전에 도저히 조화를 이룰 수 없는지를 분명히 판단해야 한다. 그럼에도 도저히 조화를 이룰 가능성이 없어 보인다면 변화를 고려해야 한다.

회사는 결코 회사의 방향에 대한 열정과 동기가 부족한 직원을 원하지 않는다. 마찬가지로 당신도 자신의 삶의 비전과 맞지 않는 일을 할 필요가 없다.

현재의 직장을 떠나서 다른 기회를 찾는 문제를 심사숙고할 때 다음의 몇 가지 단계를 밟기 바란다.

- 각 chapter의 맨 마지막에 나오는 연습문제에 철저히 대답하고 최선을 다해 자신의 삶의 비전이 무엇인지 정의를 내린다.
- 자신의 기술과 경험을 일목요연하게 정리하고 평가한다.

- 자신의 삶의 비전과 가장 잘 조화를 이룰 가능성이 있는 업무형태를 결정한다.
- 어떤 회사들이 당신의 목적과 부합하는지 알아보고 이들과 접촉하기 위한 행동계획을 세운다.
- 자신의 계획을 실행에 옮긴다.

성급하게 떠나지 말라

자신의 장기적인 잠재력을 충분히 알고 있지 못하거나 도전을 회피하려는 사람은 흔히 성급하게 직장을 떠난다. 현재 어려움에 처한 사람들에게 나는 무엇보다도 먼저 그 문제를 헤쳐가려는 노력을 하라고 말하고 싶다. 위기의 시간은 종종 개인적인 성장을 위한 특별한 기회이며, 심지어 현재의 회사 내에서도 이런 기회를 찾을 수 있다.

현재의 회사에서 미래를 내다 보라. 승진이나 새로운 기회를 내다보기가 어려워 보일지라도 문제를 해결할 수 있는 위치로 당신을 데려다 줄 기회가 찾아올 수 있다.

비록 당신이 원하는 위치와 몇 걸음 차이가 있더라도 현재의 위치가 앞으로의 더 많은 것을 이룩할 수 있는 위치로 가기 위한 디딤돌이 아닌지 스스로에게 물어 보라.

배수진을 치지 말라

일단 떠나기로 결정했다면, 그동안 쌓였던 불만들을 모두 털어놓고 싶은 기분이 들지도 모른다. 그러나 부디 입술을 깨물기 바란다. 카타

르시스를 경험할 수는 있겠지만 이렇게 감정을 드러낸 결과가 당신의 뒤통수를 칠 수도 있다.

비즈니스는 관계이며 일을 하는 한 계속해서 관계를 만들어 가야 한다는 것을 잊어서는 안 된다. 이전의 직장 상사와 동료들과의 긍정적인 관계가 앞으로 더없이 귀중해질 수도 있다. 비즈니스를 하는 과정에서 다시 이들과 만나게 될 지 누가 알겠는가?

여우를 피하려다 호랑이를 만나는 일이 없도록 하라

부조화의 상태를 피하려다 또 다른 부조화 속으로 들어가는 일은 결코 없어야 한다. 현재의 일을 그만두기로 결정한 이상, 새로이 고용주가 될 사람과 조화를 이룰 수 있는지 분명히 판단하라.

이렇게 하는 것이 당연함에도 불구하고 성취감을 느끼지 못했던 조직을 떠나서 성취감을 느끼지 못하는 마찬가지의 다른 조직으로 들어가고 마는 경우를 나는 많이 보았다. 당신의 고용주가 될 사람에 대해 조화 연속체를 적용해 볼 것을 권한다. 질문에 하나하나 대답하는 일이 번거로울지 모르지만, 그렇게 할 만한 가치가 있다는 것을 알게 될 것이다.

'조화 이루기'의 중요성

삶에서 당신이 어떤 상황에 처해 있든, 조화 연속체에서 얼마의 점수를 얻었든, 조화는 힘겨운 일임에 틀림없다. 수천 명의 직장인들에게 자문을 제공하면서 내가 발견한 것은 현재의 일 속에서 성취를 경험하지 못하고 있는 경우에도 대부분 조화를 이룰 수 있는 가능성은 가지고 있다는 것이다. 불만의 이유는 흔히 개인에게 있다. 자신의 삶의 비전을 철저히 찾아내고 여기에서 약술한 전략들을 실제로 응용할 때, 조화는 현실적인 성취로 다가올 수 있다.

담장 저편에 있는 잔디가 늘 푸르디푸르기만 한 것은 아니다. 제대로 된 도구를 가지고 있고 기꺼이 삶의 목표를 반추할 시간을 가진다면, 현재 당신이 존재하는 바로 그 위치에서 당신의 목표가 성취될 수 있다는 것을 발견하게 될 것이다. 당신이 속한 조직이 당신의 개인적인 목표와 완벽하게 조화로운 상태에 있지 않다고 가정해 보자. 새로운 직장이나 직업을 찾느라 감수해야 할 많은 경제적, 정서적, 정신적 대가를 감안할 때, 정말로 장기적으로 조화가 가능한 지 스스로에게 물어 보아야 한다.

우리는 자신에게 적합한 유형의 일쪽으로 자연스레 이끌려 간다는 것을 나는 경험을 통해 배웠다. 우리가 가고 싶다고 해서 언제나 그곳에 갈 수 있는 것은 아닐 테지만, 우리는 우리의 본능을 믿어야 한다. 여러 해 동안 비즈니스 분야에서 일해 오면서도 나는 언젠가 이곳을 떠나 목회자가 될 것이라고 굳게 믿었다. 목회자의 길이 아니면 유의미한 방식으로 다른 사람들이 더 나은 삶을 살 수 있도록 도울 수가 없다고 잘못 생각하고 있었다. 비즈니스 분야에서 잘해 왔고, 따라서 내가 그쪽으로 자신도 모르게 이끌려 가고 있다는 것을 제대로 보지 못한 것이었다. 나는 힘겹게 이룩한 교육과 훈련의 결과들을 포기할 필요가 없었다.

혼란스런 생각을 마침내 정리한 후에야 나는 현재의 일이 얼마든지 의미로운 일이 될 수 있고, 다른 사람들의 삶이 달라지도록 만들 수 있다는 것을 알게 되었다. 새로운 시각으로 나의 직업을 바라보게 되면서 나는 삶의 비전을 다시 정의 내렸고, 그 후에도 많은 도전과 성취를 경험하게 되었다.

이렇게 말한다고 해서 내가 언제나 나의 현재 직업과 회사를 통해 삶의 비전을 구현할 수 있다는 뜻일까? 그렇지 않다. 나의 삶의 비전은 변화하고 시간의 흐름과 함께 나아질 테지만, 그 모든 단계마다 내가 어떤 조직에 속하든 그 속에서 조화를 이루고 싶을 뿐이다.

연습문제1 창조성 연습

다음에 나오는 말들을 전혀 사용하지 않고 현재 당신이 누구인지 설명할 수 있는 하나 내지는 두 개의 새로운 표현을 적어 보라.

교육

직업/경력

취미

좋아하는 놀이

좋아하는 스포츠

배우자

아이들

지리적 환경

연습문제2 **당신의 혁신적인 조화 이루기 계획 만들기**

창조적일 수 있는 기회가 당신에게 주어진 지금, 이제 혁신적인 사고 능력을 발휘할 시간이다. 다음에 나오는 질문에 대답하는 과정에서 당신의 사고를 창조적으로 팽팽하게 잡아당겨라!

1. 조화 연속체에 나타난 점수를 새로운 시각으로 바라보라. 왜 당신은 이 점수를 얻었는가? 다시 말해서, 당신이나 당신이 속한 조직은 현재의 조화상태를 이루기 위해 무엇을 했는가?
2. 당신은 조화 점수에 만족하는가, 아니면 더 나은 점수를 얻을 수 있다고 생각하는가? 그렇다면 얼마나 좋아질 수 있었는가?
3. 당신이 속한 조직 내의 다른 사람들은 조화를 이루기 위해 어떻게 하고 있는가? 높은 수행성과를 보이고 있는 동료들에게서 어떤 특정한 행동패턴을 볼 수 있는가?
4. 회사와 더욱 더 조화를 이루기 위해 당신이 해 왔던 행동을 설명해 보라. 지금 당신은 여전히 이렇게 하고 있는가?
5. 당신이 가진 특별한 재능, 경쟁력, 개성, 그리고 기질을 고려할 때, 조화도를 높이기 위해 당신이 생각할 수 있는 혁신적인 방법에는 무엇이 있는가? 당신이 기꺼이 노력을 기울일 수 있는 방안은 무엇인가?
6. 당신이 속한 조직 내의 다른 사람들은 당신이 조화도를 높일 수 있도록 도와 주기 위해 무엇을 할 수 있는가?

Chapter 3
조화를 위한 파워 툴

> "현재 다른 어떤 분야에서 잘못하고 있다면, 한 가지 분야도 제대로 할 수 없다. 삶은 하나의 분리할 수 없는 전체이다."
>
> —간디

　내가 아는 어떤 특별한 사람에 관해 말하고자 한다. 다이안Dianne은 넘어야 할 가로대의 높이를 계속 높이는 그런 부류의 사람이다. 그녀는 규모가 제법 크고 현재 계속 확장일로에 있는 비영리단체 세 명의 CEO 중 한 명으로서 팀에서 그녀의 주된 역할은 가상의 영감적인 사고 리더십을 제공하는 것이다. '최고의 실례'들을 수집하기 위해 항상 온갖 다양한 책들을 탐독하고 통찰력 있는 접근법들에 관해 연구한다.

　또한 그녀는 조직 내의 여러 가지 아이디어들이 원활하게 오가도록 하는 데 중요한 역할을 하는 의사소통 창구이다. 청중들 앞에서 미래에 대한 비전과 희망에 관해 이야기할 때, 대단히 효과적으로 청중들의 주의를 사로잡는 그녀의 모습을 직접 본 적이 있다.

그녀는 대부분 사람들이 견디기 힘들 정도의 일을 하고 있지만, 내가 아는 가장 헌신적인 어머니들 가운데 한 명이기도 하다. 그녀의 다섯 아이들은 항상 어머니의 관심과 격려 속에서 생활하고 있다. 모든 일에 놀라운 집중력을 발휘하는 그녀는 학부모교사협의회 일을 맡고 있으며, 이웃 주민들과의 관계 역시 소홀히 하지 않는다. 그녀의 집은 이웃 아이들의 놀이터로 알려져 있다.

결론적으로 말해서, 그녀는 자신의 영향력이 미치는 범위 내에 있는 사람들에게 정신적인 힘을 불러일으키는 한 예라고 할 수 있다. 늘 자신의 삶을 새롭게 변화시키는 동안, 그녀 스스로 많은 사람들에게 영감을 주는 하나의 실례로써 정신적인 리더십이라는 정상에 오를 수 있었던 것이다.

그녀의 비결은 과연 무엇일까? 그녀의 주된 강점은 자신이 속한 삶의 비전 커뮤니티들 사이에서 균형과 통합을 이룸으로써 개개 커뮤니티들로 하여금 '각기 다른 삶에 일체성을 주는' 자신의 중심목표를 지지하도록 만드는 능력에 있다. 특히, 자신이 해야 할 각각의 역할에 열중하는 과정을 통해 그녀의 역할수행 능력은 더욱 향상되었다. 여러 가지 역할을 수행하느라 시간에 쫓기는 것이 아니라, 그 일들이 서로 상승작용을 하면서 공동의 목표―그녀의 삶의 비전―를 향해 집중되는 것이다. 그 과정에서 그녀는 각각의 역할 속에서 자신만의 특별한 사명을 성취한다!

당신도 지금하고 있는 일을 새로운 차원으로 끌어올릴 수 있으며, 각각의 삶의 비전 커뮤니티가 균형을 이루며 하나로 통합되어 조화를 이루도록 만들 수가 있다. 달리 표현하자면, 직업으로서의 일이 아닌 당신이 하고 있는 다른 일이—자신의 삶의 비전 커뮤니티가 조화를 이루며 통합되도록 하는 것—직업으로서의 일을 가장 잘하도록 만들어 줄 수 있다는 것이다.

균형과 통합은 시간과 정력의 낭비를 막고 삶의 비전 커뮤니티들이 서로 융화할 수 있게 한다. 이것이 바로 내가 조화를 위한 '파워 툴'이라고 부르는 것이다. 삶의 비전 속에서 하는 역할들이 서로 호응하며 더 나은 관계를 이룰 때, 일의 질도 향상된다.

지난 십여 년 동안 얻어진 의학적인 연구성과들 역시 이 사실을 뒷받침해 준다. 동양문화는 수세기 동안 '전체론적인 처방전'을 내려왔고, 서양문화는 이제 이 처방전의 타당성을 인정하는 기미를 보이고 있다. 전체론적이라는 말은 치료가 단순히 신체적 증상에 국한되는 것이 아니라 전체로서의 인간을 치료한다는 의미이다.

심적인 통증은 분명 신체에 영향을 미친다. 마찬가지로 당신의 삶의 비전 커뮤니티 가운데 어느 하나가 통증을 느끼거나 기능장애를 일으키면, 당신의 일은 그 영향을 입게 된다. 통합과 균형은 각각의 삶의 커뮤니티들 속에서 건강을 유지할 수 있도록 해 주는 두 개의 툴이며, 이를 통해 일 속에서 더 높은 효율과 성공을 경험할 수 있다.

삶의 비전 커뮤니티

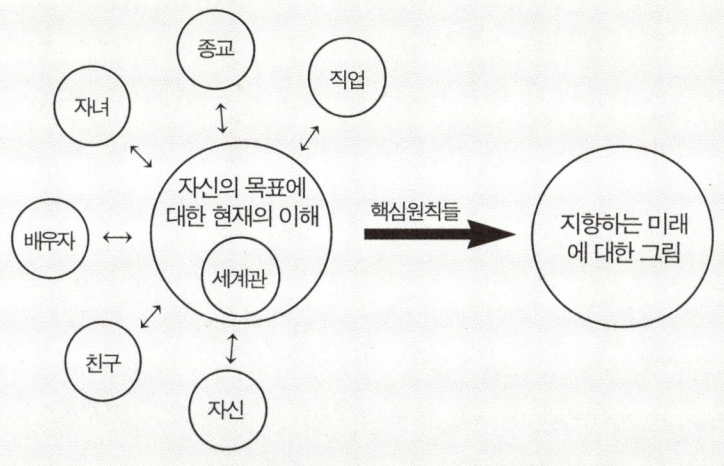

〈별개로 구분된 삶의 비전 커뮤니티〉

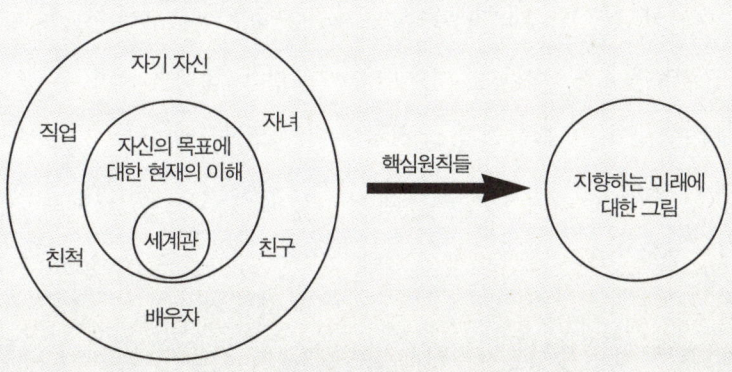

〈균형 있게 통합된 삶의 비전 커뮤니티〉

원칙 : 일 속에서 효율성을 극대화하기 위해서는 당신이 속한 모든 삶의 비전 커뮤니티들을 균형 있게 통합하라.

역설 : 장기적으로 주어질 보상이 당장 눈으로 확인할 수 있는 것은 아니다.

두 개의 도표는 삶의 비전 커뮤니티에 대한 두 가지 다른 사고를 보여 주고 있다. 첫 번째 도표는 삶의 비전이 각기 분리된 영역이 서로 고립적으로 존재하는 것을 보여 준다. 건강한 접근법을 보여 주는 두 번째 도표는 삶의 비전 커뮤니티들이 삶의 중심목표를 향해 균형 있게 통합을 이루고 있다. 삶의 비전 커뮤니티들은 별개로 분리된 채 있는 것이 아니라 서로 연관성을 맺고 당신의 목표와 맞닿아 있어야 한다.

당신이 각기 다른 장소에서 맡고 있는 역할들이 균형과 통합을 통해 서로 조화를 이룰 때, 각각의 영역 속에서 당신이 하는 역할의 효율성은 더욱 높아진다. 하지만 유의미한 기본틀이 없이 통합과 균형을 증대시킨다는 것은 단순한 효율성 훈련에 지나지 않는다. 당신의 삶의 비전이 바로 그 기본틀이다.

당신이 속한 삶의 비전 커뮤니티들은 서로 영향을 주고받으며 당신의 삶의 목표를 성취하는 데 기여할 수도 있고 장애가 될 수도 있다는 것을 알아야 한다. 삶은 상호 영향을 미치는 시스템이다. 그렇기 때문에 다른 커뮤니티와 적절한 균형과 통합을 통해 어느 한 삶의 비전 커뮤니티에서 이룬 성과는 다시 많은 결과를 만들어 낼 수 있다. 장기적으로 주어질 보상이 단기적으로는 눈에 보이지 않기 때문에, 균형과 통합이라는 개념이 처음에는 쉽게 받아들여지지 않을 수도 있다.

예를 들면, 균형과 통합의 어떤 측면들은 우리로 하여금 일 속에서 더욱 생산적이 되는 것과는 배치되는 것처럼 보이기도 한다. 처리해야 할 일들로 마음이 짓눌리는 상황에서 아이들과 동물원에 가기 위해 하루를 비워야 하는 일이 어림없이 보일 수 있다. 하지만 다른 일을 함으로써 새로워진 기분과 힘은 당신이 '잃어버린' 일할 시간을 충분히 보상해 준다.

나는 당신이 이렇게 마음을 열어 두기를 권한다. 개개의 삶의 비전 커뮤니티들 속에서 보내는 질적인 시간이 전체적인 삶의 비전과 연계된다면, 이것은 당신의 일에 새로운 충만함과 깊이를 더해 줄 수 있다.

이로 인해 새로운 시각에서 문제에 접근할 수 있게 될 것이며, 다른 각도로 눈앞에 직면한 어려움을 바라볼 수 있게 될 것이다. 또한 새로운 정력과 활력을 부여받게 될 것이다. 이번 chapter에서 우리는 통합과 균형이 무엇인지, 이들이 왜 중요한지, 이렇게 하기 위한 실제적인 전략이 무엇인지를 살펴보고자 한다.

통합이란 무엇인가

우리는 누구나 성실한 사람이고 싶어한다. 성실이란 말은 정직, 솔직, 고결, 강함이란 여러 가지 의미를 내포하고 있다. 하지만 영어에서 '성실'을 뜻하는 'integrity'는 '통합'이라는 뜻을 지닌 'integration'과 동일한 어근을 가지고 있으며, 이 둘은 실제로 일치, 단일과 공통성이라는 동일한 의미를 지니고 있다. 성실한 사람이 된다는 것은 자신이 속한 모든 삶의 비전 커뮤니티 속에서 통합된 삶, 일치된 삶을 산다는 것이다. 이들은 동일한 방향을 바라보고 있다. 이에 비추어, 나는 통합이라는 말을 이렇게 정의 내리고 싶다.

자신의 삶이 다양한 삶의 비전 커뮤니티로 구성되어 있다는 것을 이해하되, 이러한 여러 가지 역할들을 별개의 고립된 부분이 아닌, 핵심이 되는 삶의 주제—자신의 삶의 비전—를 향해 모이게 하는 것이다.

다른 많은 사람들처럼, 당신도 어쩌면 자신의 삶을 '구획 짓는 것'에 익숙해져 있는지도 모른다. 다시 말하면 삶을 일, 가족, 개인적인 시간 등 여러 부분으로 나누어 생각한다는 것이다. 이렇게 하면 분명히 삶을 대하기가 수월할 것이다. 자신이 힘들어 하는 분야는 '덮어 버리고' 당신이 더 잘하는 분야에만 집중할 수 있기 때문이다. 결혼생활에 문제가 있다면, 일에만 정신을 쏟으면서 그 속에서 만족을 얻을 수도 있다. 구획 짓기는 삶을 조직화하고 단순화하는 데 대단히 유용하다.

그러나 통합은 자신이 원하는 미래로 가는 보다 빠른 길이다. 각각의 삶의 비전 커뮤니티가 서로를 받쳐 주고 지지하도록 만들 수 있다면, 그리고 이런저런 다양한 역할들 속에서 조화를 이룰 수 있다면, 우리는 개인적인 성공을 향한 긴 여정의 길을 더 잘 걸어갈 수 있을 것이다. 삶 속에서 우리가 행하는 역할들 사이의 선이 흐려지고 구획의 벽이 무너질 것이다. 만약 구획의 패러다임 속으로 이미 들어가 있다면, 지금이 그 패러다임을 바꾸어야 할 때다!

통합은 구심점인 삶의 비전을 중심으로 삶을 영위하면서 다시 전체적인 삶의 목표를 받치고 있는 각각의 삶의 비전 커뮤니티들 속에서 작은 목표들을 이루어 가는 것이다. 다음의 항목들은 통합이 내포하는 의미에 포함되지 않는다.

- 삶의 비전 커뮤니티들 속에서 동일한 목표를 세우고 동일한 전략을 추구하는 것.
- 모든 삶의 비전 커뮤니티를 한 용광로 속에 넣어 녹여 버리는 것.
- 삶의 비전 커뮤니티들 특유의 차별성과 독특한 표현방식을 상실하는 것.

당신이 행하는 역할들이 공동의 삶의 주제를 중심으로 집중해야 하지만, 각각의 역할에 맞는 나름의 구별되는 목표들을 세워야 한다. 이렇게 하면 실제로 자신의 비전을 더욱 탄력적이고 적극적으로 수행할 수 있을 뿐 아니라 다양한 각도와 방법으로 목표를 공략할 수 있게 된다. 각각의 역할을 하나의 끈으로 묶어서 모두 똑같이 만들어 버릴 필요는 없다. 개개의 삶의 비전 커뮤니티들 속에서 개성을 유지함으로써 일상의 삶의 경험을 더욱 깊이 있고 충만하게 만들 수 있기 때문이다. 통합은 다양성을 상실한다는 의미가 아니라 공동의 목표를 얻을 수 있도록 그 다양성을 이용한다는 뜻이다.

균형이란 무엇인가

통합된 삶을 살기 위해서는 균형을 유지해야 한다. 균형이란 삶의 비전 커뮤니티들을 위해 각각 동일한 시간을 할애한다는 것을 뜻하지는 않는다. 이것은 훨씬 더 역동적인 의미를 지니고 있다. 나는 균형을 이렇게 정의 내리고 싶다.

다른 것들과 역동적인 비례를 유지하며, 삶의 비전 커뮤니티 각각에 대해 적절한 양의 시간과 정력을 들이는 것이다.

균형은 당신 자신에게 다음과 같이 자문할 것을 요구한다.

"나의 삶 가운데인 바로 이 순간에, 나는 삶의 비전 커뮤니티를 위해 어느 정도의 시간과 정력을 들이고 있는가?"

이 질문에 대한 답은 삶의 단계마다 달라지며, 어쩌면 매주 달라질 수도 있다! 균형은 삶의 비전 커뮤니티와 이들의 상호관계를 늘 의식할 것을 요구한다. 균형을 이루지 못하면 한 역할이 다른 역할을 침식하기도 하고, 자신의 시간을 그냥 놓아 버리고 마는 결과를 가져올 수도 있다. 당신이 원하는 미래의 그림이 각각의 삶의 비전 커뮤니티에서의 성공적인 역할수행을 담고 있다면, 이 같은 다른 선택이 끼어들 여지가 없다.

균형은 자연 속에서 늘 예증된다. 포식자와 먹이, 씨뿌리기와 수확하기, 삶과 죽음, 여름과 겨울, 움직임과 정지가 그 예이다. 이 많은 자연의 미묘한 체계들은 적절하게 기능하기 위해 균형 있게 움직여야 한다. 자연 속에서 끊임없이 드러나는 예증들을 눈으로 보면서도 우리들 대부분은 균형 상태를 제대로 유지하지 못하고 있다.

균형은 삶이 당신을 지배하도록 내버려두는 것이 아니라, 당신이 삶을 지배할 것을 요구한다. 이것은 더 많은 '둘 다/그리고'를 의미하며 '둘 중 하나/혹은'이 아니다. 즉, "나는 일과 가족 가운데 하나를 선택해야 하는데, 나는 가족에게 더 많은 비중을 두는 쪽을 택할 것이다"라는 식이 아니라, "나의 일과 가족은 내게 모두 중요하며, 따라서 나는 이들 모두를 위해 시간을 들일 것이다"라고 말해야 하는 것이다.

균형은 반드시 각각의 역할이나 활동에 대해 동일한 양의 시간과 정력을 들여야 한다는 뜻이 아니다. 우리의 삶에서 어느 삶의 비전 커뮤니티가 중요하다면, 그 속에서 필요한 만큼 적절하게 시간을 보내야 한다는 것을 의미한다. 이렇게 하기가 늘 쉽지만은 않다. 어쩌면 기존의 각인된 행동패턴들, 우리가 원하는 곳에 이르는 데 방해가 되는 패턴들을 바꿀 것을 요구할 수도 있다.

왜, 통합과 균형인가?

통합과 균형의 정의를 이해하면 패러다임을 구획 짓지 않음으로써 어떤 강력한 혜택들이 주어지는지를 알 수 있다.

업무경험의 질이 높아지고 조화의 가능성이 커진다
균형과 통합이 가져다 주는 가장 중요한 긍정적 측면 가운데 하나는 아마 업무의 효율성이 증대된다는 점일 것이다. 나는 나의 삶의 비전 커뮤니티들이 핵심목표를 중심으로 조화를 이루도록 마음을 쏟을 때 업무에 대한 사고와 열정의 질도 획기적으로 향상된다는 것을 발견했다.

일터가 아닌 다른 장소에서 나의 역할을 하느라 보낸 시간은 업무의 효율성 증대라는 보상으로 나타났다. 일과 관련하여 더없이 좋은 아이디어들은 때때로 조용히 개인적인 시간을 보낸다거나 몇몇 가까운 친구들과 만나서 이야기를 나누는 동안 불현듯 떠오르곤 했다. 이제 나는 다른 삶의 비전 커뮤니티들이 나의 시각을 새롭게 하고, 일을 보다 더 잘하기 위해 필요한 연료를 공급해 주기를 기대하게끔 되었다.

폴은 자신이 해야 할 모든 역할들을 균형 있게 통합하는 데 노력한 덕택에 일 속에서 훨씬 더 많은 능력을 발휘할 수 있게 되었다. 청소년 상담프로그램의 책임자인 그는 아이들과 일하는 데 열정을 가지고 있고, 그들이 질풍노도의 시기를 잘 헤쳐나갈 수 있도록 도와 주는 일을 좋아한다.

그는 그들의 개인적인 문제를 해결할 수 있도록 돕는 일에 업무시간은 물론 저녁시간이나 주말도 기꺼이 할애한다. 그는 자신의 일에 헌신적일 뿐 아니라, 균형과 통합의 전형이기도 하다. 아내와 세 아이들을 데리고 보트, 수상스키, 사냥 그리고 체스를 두는 등 여러 가지 활동을 하며 가족과 시간을 보내는 그는, 일이 특히 많을 때면 가족과 함께 할 시간을 내기 위해 세심하게 마음을 쓴다. 또한 그는 매일 조용히 혼자 묵상하는 시간을 갖기도 한다.

나는 폴이 이룩한 균형과 통합이 그를 현재의 뛰어난 프로그램 책임자로 만든 근원이라고 확신한다. 그는 자신의 가족, 모임 그리고 자기 자신에 대해 균형 있게 열성을 바침으로써, 자신의 일에 투입할 수 있는 더욱 많은 열정을 얻게 된 것이다.

자신의 삶을 구성하는 다른 영역에 시간을 들임으로써, 일에 대한 열정이 더욱 새롭게 향상된다. 나이가 들어서 젊은이들과 함께 일하는 경우 흔히 한두 해가 지나면 견디지 못하게 되는데(5년이 지나면 탈락률이 거의 100%에 가깝다)도 불구하고 오히려 그는 20년이 지난 지금도 더욱 원기왕성하게 일하고 있다! 그는 그토록 오랜 기간 자신의 분야에서 일하고 있는 몇 안 되는 사람들 가운데 한 사람이다.

다른 삶의 비전 커뮤니티에서의 효율성이 증대된다

삶의 비전이 인간관계 속에서 자신이 수행해야 할 역할의 중심이 될 때, 각각의 역할 속에서 얻는 성취의 질은 더욱 높아진다. 나 자신을 포함한 다른 많은 사람들의 삶 속에서 이를 보아 왔으며, 그 전형적인 예 가운데 한 명이 바로 나의 친구 데이비드다.

그는 일리노이 주에 자리 잡고 있는 한 제조회사의 대표이사이다. 나는 그를 내가 알고 있는 사업가들 중 가장 훌륭한 사업가라고 생각한다. 그는 예리한 협상가인 동시에, 자신의 직원들을 배려하고 돌보는 고용주이다. 마케팅, 재무, 기기조작, 인력관리, 그리고 전략 등 각 분야에 대해 광범위하게 지식을 쌓기까지 그는 여러 해 동안 열성적으로 노력해 왔다. 하지만 나를 가장 감탄하게 한 것은 그가 균형과 통합을 생활화하고 있으며, 자신이 하는 여러 역할을 효율적으로 수행하고 있다는 점이다.

지난 6년에 걸쳐 나는 데이비드가 일, 소모임, 가족 그리고 개인적인 여러 역할들의 균형과 통합에 열의를 다하는 모습을 지켜봐 왔다. 그는 자신의 일생의 파트너인 아내와 이야기할 시간을 내고 관계를 더욱 두텁게 하기 위해 바쁜 업무 스케줄 속에서 특별히 시간을 낼 줄 안다. 나는 이런 CEO라면, 그가 누구라도 존경하지 않을 수 없다.

또한 데이비드는 네 딸과도 충분한 시간을 보내기 위해 업무 스케줄을 변경한다. 만약 당신이 그의 딸들과 이야기할 기회가 있다면, 그들이 아버지를 얼마나 사랑하는지 단번에 알 수 있을 것이다. 게다가 그는 몇 개의 소모임에 적극 참여하고 있다. 이렇듯 인간관계에 있어 자신이 해야 할 여러 역할에 충실한 그는 자기 자신에 대해서도 놀라우리만치 열정적이다. 적절한 운동과 음식섭취, 매일 자신만의 조용한 명상시간, 그리고 자신의 삶의 목표에 맞춰 작은 목표들을 정기적으로 조절한다.

균형과 통합을 증대시킴으로써 그는 삶 속에서 자신이 해야 할 역할을 더욱 효율적으로 수행하고 질적인 측면에서도 깊이를 더한다. 이러한 그의 모습은 나로 하여금 큰 자극과 영감을 준다.

원칙을 아는 사람이 되게 한다

당신은 말과 행동을 한결같이 일치시키기 위해 어떻게 하는가? 원칙에 따라 살면서, 자신이 하고 싶은 일이 실제로 당신이 완수하는 일이 되도록 만드는 비결은 무엇일까?

나는 균형과 통합이야말로 이 질문의 부분적인 해답을 찾을 수 있는 실마리라고 생각하고 싶다. 자기 자신, 소모임, 가족 그리고 직업 사이에서 일체감을 얻는다면, 당신은 말과 행동이 함께 가는 삶을 살아가는 여정에 오를 수 있을 것이다. 당신의 역할이 서로 균형을 이루며 통합될 때, 역할과 역할 사이의 불일치가 제거되기 때문이다.

어떻게 다양한 관심에 맞춰 균형과 통합을 이룰 것인가?

이 책에서 개괄적으로 설명하고 있는 다른 원칙들과 마찬가지로, 당신의 삶을 균형 있게 통합한다는 원칙은 흥미로운 역설을 유발한다. 다양한 관심을 쫓으며 사는 삶은 일종의 기쁨과 자기만족을 준다. 달리 말하면, 다양성은 삶의 양념이다.

여러 분야에 흥미와 관심을 가진다는 것은 지적으로나 정서적으로 특별한 자극이 된다. 우리가 접하는 분야가 많으면 많을수록 삶의 경험은 더욱 풍요해진다.

예를 들어, 당신은 우표수집에 열을 올리면서 인터넷을 검색하기를 좋아하고 또 이웃과의 친목도모에도 적극적으로 나서는 등 동시에 여러 가지 일에 흥미를 가질 수 있다. 이런 활동들은 당신의 시간을 다양하게 채워 주고 삶의 속도를 변화시켜 주며 일종의 만족을 가져다 줄 수 있다.

하지만 이런 취미들로부터 한 걸음 물러서서 "이런 활동이 나의 삶의 비전에 가치 있게 기여하고 있는가?"라는 질문을 해 보지 않는다면, 이는 잘못된 것이다. 달리 말해서, 당신의 시간을 쓸 수 있는 더 나은 방법은 없는지, 그리하여 당신의 작은 목표들을 성취할 더 나은 기회는 없는지를 생각해야 한다.

이런 질문을 던지게 되면 어떤 활동들은 당신에게 아무런 이득도 주지 않고 있다는 것을 알게 된다. 이들은 당신으로 하여금 삶의 비전과 성취에 가까이 다가가도록 만들어 주지 못하고 있다.

삶 속에서 수행하는 여러 역할과 활동들을 한데 모아 큰 그림으로 바라볼 수 있다면, 당신은 이들이 전체적인 삶의 비전을 떠받치도록 서로 통합하고 균형을 이룰 수 있다는 것을 알게 것이다. 자신의 역할과 활동을 한 걸음 물러나서 이런 관점에서 바라보면 상황은 달라진다. 어떤 역할은 자신의 몫이 아니라든지, 득보다는 해가 더 많다든지, 혹은 현재의 삶의 비전에 더 이상 적합하지 않다는 것을 발견하게 될 수 있다는 것이다.

어떤 특정한 역할이 통합에 방해가 된다면—다시 말해서, 다른 역할들과 잘 어울리지 않는다면—그것은 변화를 생각해야 할 순간이 온 것이다. 마찬가지로, 어떤 역할에 지나치게 많은 시간을 들여야 하기 때문에 균형을 저해한다면, 이 또한 변화가 필요한 때이다.

균형과 통합을 따라 다니는 모순

통합이라는 견지에서 보면 소모임의 일원이 되어 하는 역할과 여가 생활을 즐기는 사적인 역할 사이에 모순이 발생할 가능성이 있다. 우리는 실제로 자신의 삶의 비전과 맞지 않는 사회적인 역할을 받아들여야 하는 경우가 종종 있다.

이런 종류의 역할을 해야 할 필요도 있지만, 우리는 자신의 열정을 어떤 역할에 바칠 것인가 하는 문제를 놓고 선택해야 할 필요가 있다. 여가생활의 경우, 나는 사람들이 시간배분에 있어 형편없는 선택을 하는 것을 많이 보아 왔다. 야외활동을 하기에 더할 나위 없이 좋은 캘리포니아로 이사한 후, 나는 사람들이 자신들의 시간을 갖가지 다양한 여가생활로 채우는 것을 많이 보았다. 과연 그것이 자신의 삶의 비전 성취에 도움이 되는 것일까?

균형의 경우, 대부분의 사람들은 대체적으로 일이나 직업상의 역할에 어려움을 겪고 있다. 통계에 따르면, 오늘날 사람들은 10년이나 20년 전에 비해 더 많은 시간을 일하는 데 보내고 있다. 기업들은 실적 증대를 닦달하고 더 적은 것으로 더 많은 것을 성취하려 하기 때문에 그만큼 직원들에 대한 요구도 더욱 많아지고 있다.

많은 사람들이 일 때문에 우리가 해야 할 다른 역할들이 침해당하고 있다고 생각하는 이유를 어렵지 않게 이해할 수 있다. 이런 침해로 인해 가장 많이 피해를 보는 삶의 비전 커뮤니티는 배우자와 가족으로서의 역할이다.

경력이 최고 정점에 오른 것과 동시에 많은 결혼생활이 암초에 부딪히는 이유도 바로 여기에 있다. 가족으로서의 역할과 직업인으로서의 역할은 지나치게 많은 것을 동시에 요구한다. 잘 해내기가 여간 까다롭지 않다. 균형을 유지하기 위해 노력하지 않거나, 또는 더 큰 삶의 비전이라는 맥락 속에서 각각의 역할을 바라보지 않는다면, 어느 한 역할을 위해 다른 역할은 완전히 포기해야 하는 상황에 처할 지도 모른다. 흔히 이 경우 우리는 일을 선택하고 가족으로서의 역할로부터 멀어진다. 결과적으로 편협한 선택으로 인해 관계단절이라는 비극적인 결과를 초래하게 되는 것이다.

우리는 이 역할들을 시간을 쪼개 가며 감당해야 하는 것으로 보기 보다는 공통된 삶의 비전을 서로 떠받치고 있는 그림으로 바라보아야 한다. 그렇기 때문에 균형과 통합이 요구되는 것이다. 결과는 이렇다. 여러 역할들 사이에서 자연스럽게 발생하는 긴장은 각각의 역할을 더욱 효율적으로 수행할 수 있게 해 준다. 그로 인해 역할들이 서로 충돌하지 않고, 서로를 풍성하고 강하게 뒷받침해 주는 것이다.

어떻게 균형과 통합이 효과적으로 운용되도록 할 것인가

균형과 통합이 효과적으로 운용되도록 만들기 위해서는 실제적인 실행의 기본틀이 필요하다. 이 기본틀 속에서 당신은 '큰 그림'으로 된 비전을 좀더 세부적으로 나눌 수 있다. 이런 세부적인 일상의 행동들이 쌓여서 궁극적으로 중요하고 의미 있는 집합체를 이룬다.

실제적인 행동을 위한 효과적인 전략을 실행하기란 결코 쉽지 않다. 하루의 계획표를 짤 때 되는 대로 따라가는 쪽을 택하고 싶을 수도 있고, 혹은 해야 할 일의 목록을 만들어 놓고, 그날 하지 못한 일은 그 다음날로 넘기고, 완수한 일에 대해서는 자부심과 만족감을 느끼면서 줄을 긋는 쪽이 당신에게 더 맞을지도 모른다. 하지만 이 둘 가운데 어느 것도 결국 진정으로 현명한 선택은 아니다.

되는 대로 따라가는 쪽은 당신이 가장 중요하게 여기는 목표나 삶의 비전의 성취를 보장해 주지 못한다. 또한 해야 할 목록은 단기적이고 세부적인 항목에 초점이 맞춰지기 쉽다. 아무리 잘 짜여진 실천해야 할 목록도 더 큰 삶의 목표를 향한 꾸준한 전진을 보장하지 못한다.

당신에게는 각각의 삶의 비전 커뮤니티들 속에서 활동하는 것을 통합하고 조화를 이룰 수 있는 진행절차가 필요하다. 시간관리 전문가들은 효과적인 균형과 통합의 측면들을 제시하지만, 나는 이것을 실제로 실행하는 데 중요한 열쇠가 될 행동들을 강조하고 싶다.

자신의 삶의 비전 기록하기(1년 계획)

나는 당신이 이 책을 읽으면서 자신의 첫 삶의 비전을 나름대로 적어 보겠다는 결심을 하기를 바란다. 각 chapter의 맨 마지막에 나오는 툴키트와 부록은 첫 삶의 비전을 정리하는 데 필요한 방법들을 제시해 준다. 이것은 실제로 삶의 비전을 성취하기 위한 첫 걸음이며, 균형과 통합을 이루기 위한 첫 번째 전략이다.

주된 테마를 중심으로 균형과 통합을 추구하기 전에 먼저 우리는 이 주된 테마가 무엇인지 정확하게 규정해야 한다. 당신의 생각, 희망, 그리고 꿈을 글로 적다 보면 아주 강력한 무엇인가를 얻게 되며, 자기 자신을 책임감 있는 존재로 의식하게 된다! 자신의 삶의 비전을 글로 적는 것—목표, 삶의 비전 커뮤니티, 그리고 삶 속에서 드러나는 원칙의 간격을 메우고자 하는 바람을 정리하는 일—은 아주 중요한 첫걸음이다.

삶의 비전 초안을 만드는 것만큼이나 중요한 일은 그것을 해마다 검토하고 업데이트 하는 일이다. 그 전 해에 한 경험들은 미래를 위한 새로운 시각을 제공해 준다. 일은 언제나 예상치 못한 방식으로 진행되기 마련이다. 처음과 다른 방향으로 가도록 만드는 삶의 전환을 맞이할 수도 있다. 삶의 비전의 목표들을 발견해 가는 과정이 순조롭게 잘 진행되기를 바란다.

자주 비전을 수정하고 싶어질지도 모르지만, 대부분의 경우 해마다 한 차례씩 업데이트하는 것이 가장 적합하다. 나의 경우에는 한 해의 마지막 달 마지막 주가 이를 위한 가장 좋은 시기였다.

새해가 되어 단순히 마음으로 결심을 하는 것이 아니라, 훨씬 더 의미 있는 어떤 일을 해 보는 것이 어떨까?

삶의 비전 커뮤니티들을 재점검하기(1년 계획)

자신의 삶의 비전에 관한 글을 적으면서 삶의 비전 커뮤니티들도 함께 점검해야 한다. 자신이 하는 역할들이 자신의 삶의 비전에 부합하는지 혹은 이에 기여하는지 스스로에게 질문해 보라.

제거해야 할 역할은 없는가 혹은 첨가해야 할 역할은 없는가? 만약 거절을 못하는 편이라면, 그 전에 전혀 무관한 역할을 한 적은 없는지 곰곰이 생각해 본다. 지나친 확대는 조화로부터 벗어나는 방법이다.

나는 지금까지 살아오면서 대립과 거절을 싫어하는 나의 성격 탓에

안 된다는 말을 못해 어려움을 겪어 왔다. 다른 사람의 마음을 상하지 않게 하려고 늘 "예"라고 말했다. 더욱이 이것은 여러 가지 일을 하는 것을 좋아하는 나의 경향과도 무관하지 않다.

사람들과 대화를 나누든, 글을 쓰든, 함께 일을 하든, 함께 연극을 보러 가든, 가족과 함께 있든, 휴가를 보내든, 혹은 책을 읽든, 내게 있어 안 된다는 말을 하는 일은 힘들기만 하다. 하지만 당신도 이렇게 할 줄 알아야 한다. 좀더 자세하게 이야기해 보자.

1992년 내가 체코슬로바키아로 선교활동을 떠났을 때, 팀의 인솔자인 존이 나에게 내가 지금 하고 있는 역할들을 목록으로 만들고 내 삶의 주제에 대해 생각해 보라고 말했다.

그때 그는 내게 이런 역할들이 나의 주제를 지지해 주는지 혹은 기여하고 있는지 살펴보라고 말했다. 각각의 역할을 위해 내가 매주 얼마나 시간을 할애하고 있는지 계산하고 나의 삶의 주제라는 관점에서 볼 때 적절한 시간을 할애하고 있는지 생각해 보라는 것이었다. 내가 얼마나 많은 일에 관여하고 있는지 종이에 적어 놓고 보니 놀라울 따름이었다.

몇 개월 후, 동생 벤과 아침식사를 하면서 나는 내가 프라하에서 처음 시작했던 첫 삶의 비전에 관한 일들을 설명했다. 우리는 중소기업들이 업무수행 능력을 높이고 장기적인 성공을 이룰 수 있도록 도와 줄 비즈니스 컨설팅을 함께 구상했다. 존과 벤의 도움에 힘입어, 나는 많은 변화를 수용해야 하는 문제에 직면한 회사와 개인들을 위한 일련의 방법들을 개발하기 위한 계획을 세웠다. 이것이 내게 있어 평생의 일―삶의 비전―의 시작이었다.

나 자신을 지나치게 확대시켜 놓고 있다는 사실을 깨닫게 된 것은 바로 이 첫 비전을 개발하던 때였다. 나는 열 개의 각기 다른 삶의 비전 커뮤니티들에 열중하고 있었다. 정신적인 부담과 과로로 거의 어느 역할도 제대로 해내지 못하고 있다는 느낌이 들었다.

안 된다는 말을 하기가 싫었지만, 나는 지역단체의 회장직에서 물러나기로 결정하고, 지역주민협회 회장선거에 출마하라는 권유도 거절했으며, 직장에서도 과외의 역할을 그만두었다. 지난 몇 년 동안, 나는 나의 삶의 비전 커뮤니티가 여섯 내지 일곱 개를 넘지 않도록 주의하고 있다. 이렇게 나의 삶을 합리적으로 구성함으로써 원기를 축적하고 매사에 훨씬 효과적으로 집중할 수 있게 되었다.

각각의 삶의 비전 커뮤니티에 대해 주요 테마 정하기(1년 계획)

각각의 삶의 비전 커뮤니티에 대해 주요 테마를 정할 것을 적극 권하고 싶다. 테마란 다가올 한 해의 어떤 역할의 비전과 주안점을 간략하게 적는 것이다.

내가 1997년에 했던 각 역할들에 대해 적용했던 테마들을 한 예로 소개해 보도록 하겠다.

- 컨설팅 파트너로서의 역할에 대한 테마 리더십. 나는 일정한 거리를 두고 팀을 이끄는 것이 아니라, 팀을 위한 정신적인 조언을 주고 팀을 발전시키는 리더가 되고 싶다.

- 아버지로서의 역할에 대한 테마　격려. 나의 세 딸들을 위해 비난보다는 격려를 많이 해 주는 아버지가 되고 싶다. 아이들이 적절한 삶의 목표를 정하도록 돕고, 그들이 삶을 만들어 가는 과정에 함께 하고 싶다.

- 남편으로서의 역할에 대한 테마　우정. 아내의 가장 좋은 친구가 되고 싶다. 우리의 삶이 늘 바쁘게 돌아가고 있지만, 서로의 삶 속에 함께 할 시간을 마련하고자 노력한다.

- 종교단체의 연장자로서의 역할에 대한 테마　의욕고취. 나와 함께 소모임에 참여하는 이들이 자신의 삶의 비전을 발견하고 조화하도록 영감과 자극을 주고 싶다. 또한 그들이 개인적, 사회적, 그리고 비즈니스상의 역할을 하는 과정에서 맞닥뜨리는 위험을 기꺼이 감수함으로써 자기만족에 빠지지 않도록 권장하고 싶다.

- 친구와 이웃으로서의 역할에 대한 테마　책임. 열린 마음과 솔직함으로 서로를 채워 주는 한두 명의 진정한 친구를 만들고 싶다. 특히, 서로의 삶의 비전을 성취하도록 도와 주고자 하는 책임 있는 관계가 되기를 바란다.

- 나 자신으로서의 역할에 대한 테마　거듭나기. 올해, 나는 몇 가지 세부적인 면에서 새로워지고 싶다. 한 주에 세 번 달리기, 한 주에

한 번 금식하기, 매일 집중적으로 명상의 시간 갖기, 그리고 마음을 건강하게 유지하기.

이런 테마들은 다음 단계에서 당신이 목표를 설정하는 데 도움이 될 기본틀을 마련해 준다. 각각의 역할에 대한 테마가 없으면, 당신의 목표들은 초점이 흐려진다.

테마를 정하는 데 긴 시간이 필요치 않지만, 이는 무엇보다 중요한 시간이 된다. 당신의 작은 목표들과 직접적으로 관련된 각 역할에 대한 테마를 정한다면, 그 해가 끝날 무렵 당신은 삶의 비전 성취에 더욱 가까이 다가가 있을 것이다.

각각의 삶의 비전 커뮤니티가 가지는 주된 목표 정하기(1년 계획)

자신의 역할들에 대한 점검과 업데이트를 하고 각각에 대해 테마를 정한 다음, 당신은 그 해의 목표를 설정해야 한다. 당신은 무엇을 이루고 싶은가? 당신의 삶의 비전을 성취하도록 가장 큰 도움을 줄 수 있는 것은 무엇인가?

각각의 삶의 비전 커뮤니티에 대해, 나는 S—M—A—R—T를 첫 글자로 하는 몇 가지 목표를 추천한다.

- S(Specific 명료할 것) **목표는 가능한 한 명료해야 한다.**

- M(Measurable 측정 가능할 것) **목표는 성취 여부를 떠나 측정가능해**

야 하고, 평가할 수 있어야 한다.

- A(Action—oriented 행동지향적일 것) 목표는 당신으로 하여금 행동할 것을 요구해야 한다.

- R(Realistic 현실적일 것) 목표는 도전적이면서도 성취 가능한 것이어야 한다. 지나치게 높은 목표는 좌절과 실망으로 이어지며, 너무 낮으면 정체로 빠져들게 된다.

- T(Tied 연결될 것) 모든 목표들은 궁극적으로 당신의 전체적인 삶의 비전과 연결되어야 한다.

작은 목표들을 성취하기 위한 전략 세우기(일주일 계획)

매주 작은 목표들을 달성하는 데 도움이 될 전략을 마련하는 일의 중요성은 아무리 강조해도 지나치지 않다. 이것은 '큰 그림'인 삶의 비전과 작은 목표들을 잇는 중요한 다리이자 실제로 이 모든 것들이 이루어지도록 만드는 과정이다.

주간 전략을 마련하기 위해, 일요일 오후나 월요일 아침을 다음 주의 계획을 마련하는 시간으로 남겨 둔다. 이렇게 하는 데 대개 10분 내지 20분 정도면 충분하다. 대부분의 계획마련이 주 단위로 이루어지지만, 미리 사전에 계획해야 하는 대인관계 중심적인 활동과 재충전 활동들은 한달 단위로 이루어진다. 여기 주간계획 마련에 도움이 될 만한 가

이드라인을 몇 가지 소개한다.

1. 각 삶의 비전 커뮤니티에 대해 정해 둔 작은 목표들을 점검한다. 이러한 점검은 당신의 삶의 비전을 일상의 행동으로 전환하는 중요한 과정이다. 스스로에게 물어 보라.

    (1) 지난 주 내가 한 활동들은 삶의 비전을 지향하는 것이었는가? 그렇지 못하다면, 어떻게 나는 이 방향으로 전환할 수 있을 것인가?
    (2) 나는 개개의 삶의 비전 커뮤니티들을 균형 있게 통합하고 있는가? 그렇지 못하다면, 어떻게 조정해야 하는가?
    (3) 현재 내가 하는 역할들은 나의 삶의 비전에 기여하고 있는가? 그렇지 못하다면, 어떻게 조정해야 하는가?
    (4) 나의 연간 목표들은 여전히 적절한가? 그렇지 못하다면, 어떻게 조정해야 하는가?
    (5) 최근에 나의 삶의 비전을 확장하거나, 더욱 분명하게 하거나 혹은 변화시켜야 할지 모를 어떤 일이 있었는가?

2. 목표를 달성하기 위한 주간 전략을 수립하라. 당신이 선택하는 세부적인 전략과 특별한 목표들은 주마다 다양하게 달라질 것이다.
3. 그 전 주에 미리 세워 둔 모든 약속과 일들을 점검하라. 이 모든 전략을 완수하는 것은 물론 매사에 열성을 다해 임할 수 있는가?
4. 2단계와 3단계를 염두에 두고, 자신의 계획표 여백에 목표와 관련한

활동들을 계획하고 기록하라. 주간 계획표를 이용할 것을 권한다. 약속시간을 따로 내는 것과 마찬가지로 계획표에 주간목표를 달성하기 위한 시간을 실제로 정해둔다. 이렇게 하면 당신에게 가장 중요한 일이 확실히 자신의 계획표 속에 자리하도록 만들 수 있다.

주간 전략에 따라 행동하기(1일 계획)

당신이 하는 일상의 활동 속에서 승부가 결정 난다. 주간 계획에 맞추어 의식적으로 행동해야 한다. 계획표와 해야 할 일의 목록 그리고 그 주를 시작하면서 세운 전략의 세 가지 사항을 점검하는 것으로 하루를 시작할 것을 권한다. 오늘 당신이 해야 할 가장 중요한 일은 무엇인가?

주간 목표를 달성하지 못했다면, 그 이유를 스스로에게 묻고 본궤도로 돌아갈 것인지의 여부를 결정한다. 우리 대부분은 당장 눈앞에 급한 불이나 잡다한 여러 가지 일들을 처리하느라 주간 전략을 제대로 수행하지 못하는 일이 많다.

계획표와 해야 할 일의 목록 그리고 주간 목표들은 일부 겹치기도 하고 상충되기도 할 것이다. 주간 목표에 집중하되 유연성을 유지한다. 사람마다 일하는 방식과 하루를 살아가는 방식이 다르다. 인위적으로 어떤 규칙을 따라야 한다고 느낄 필요는 없다.

균형과 통합만이 회사와의 조화를 이룰 수 있다

균형과 통합의 개념을 실제적인 일상행동으로 전환하는 과정은 시간, 정력 그리고 노력을 요한다. 인내심을 가지고 꾸준히 유연하게 행동해야 한다. 균형과 통합을 이루려고 노력하는 과정에서 당신은 각각의 삶의 비전 커뮤니티 속에서 더욱 효율적으로 활동하게 되는 변화를 경험할 것이다.

위에서 제시한 전략들을 실행에 옮길 때, 무엇보다 업무에서의 역할의 질이 향상될 것이다. 이러한 전략적인 기본틀은 당신이 속한 회사와 그 목표와의 조화를 용이하게 해 줄 것이다. 자신의 삶의 목표에 더욱 집중하고 큰 그림으로 된 목표들을 일상의 행동으로 전환할 때, 당신은 회사와 더욱 조화될 수밖에 없다.

연습문제1 삶의 비전 커뮤니티 분석

현재 각각의 삶의 비전 커뮤니티에 대해 다음 각 항목에 따라 기록해 보고, 아래 기록에 대해 다음과 같이 질문해 보라.

주간 할애시간
삶의 비전을 지지하는가?
다른 역할들과 조화를 이루는가?

1. 각 역할들에 대해 적절한 시간을 할애하고 있는가?
2. 당신의 삶의 비전에 도움이 되지 않는 역할들을 하고 있지는 않는가?
3. 당신의 역할들을 즐기고 있는가? 그렇다면 또는 그렇지 못하다면

그 이유는 무엇인가?

4. 당신의 시간을 지나치게 많이 차지하는 역할은 없는가?

연습문제2 균형과 통합

균형과 통합에 관한 이 '학문적인 개념들'을 좀더 구체화하고 당신의 삶과 연결시킬 수 있을 것인가?

1. 어떻게 당신의 삶의 비전 커뮤니티들을 구분지었는지 설명하라.
2. 이렇게 구분 짓는 데 따른 장점은 무엇인가? 부정적인 점은 무엇인가?
3. 시간이 감에 따라 역할들의 통합이 강화되었는가? 그 이유는 무엇인가?
4. 당신은 언제 삶의 비전을 더 잘 통합한다고 생각하며, 그렇게 하는 데 장애가 되는 것은 무엇인가?
5. 어떻게 하면 삶의 비전 커뮤니티들을 더 잘 통합할 수 있을까?
6. 당신에게 있어 균형이란 무엇을 의미하는가?
7. 다양한 역할들 사이에서 균형을 유지하는 데 무엇이 가장 큰 어려움이 되고 있는가?
8. 어떻게 삶의 비전 커뮤니티들 사이에서 균형을 더 잘 유지할 수 있을까?

제3장

직장인으로 새롭게 거듭나기

Chapter 1
장애를 넘어 변화하기

> "한 인간에 대한 궁극적인 평가는 그가 편안하고 안락한 순간에 어디에 서 있는가가 아니라, 도전과 논쟁의 순간에 어디에 서 있는가에 있다."
>
> —마틴 루터 킹 주니어

    재정적인 어려움에 처하거나, 가까운 친구와 속을 터놓을 수 없거나, 혹은 경력에 오점이 생기는 것을 원할 사람은 아무도 없다. 하지만 이런 경우에 처했을 때 어떻게 대처하는가가 성공적인 삶을 영위할 수 있는가 그렇지 못한가에 중요한 영향을 미친다.

    좀더 넓은 관점에서 볼 때, 삶은 하나의 커다란 장애의 과정, 끊임없는 도전의 경험들로 가득하다. 인내하는 태도로 분명한 목적의식과 방향감을 가지고 이 장애의 과정을 헤쳐나가는 것이 긍정적인 결과를 얻는 열쇠가 될 것이다. 목적의식이 불분명하거나 인생의 여정에서 새로운 장애가 나타날 때마다 불평해 댄다면, 당신이 원하는 곳과 한참 떨어진 어느 곳이 당신의 종착지가 될 것이다.

토마스 에디슨은 전구를 발명하기까지 수백 가지의 아이디어를 시도했다. 링컨은 미국 역사상 가장 존경받는 대통령이 되기까지 몇 차례나 낙선의 쓴맛을 경험했고, 어머니의 죽음과 사업의 실패를 겪었다.

이렇게 과학, 종교, 정치, 그리고 역사 어느 분야를 막론하고 특별한 사명을 추구하는 과정에서 큰 도전에 직면했던 사람들에 관한 이야기로 가득하다. 그들은 인내할 줄 아는 태도와 함께 뚜렷한 목적의식을 가지고 있었기 때문에 결과적으로 승리를 쟁취할 수 있었다.

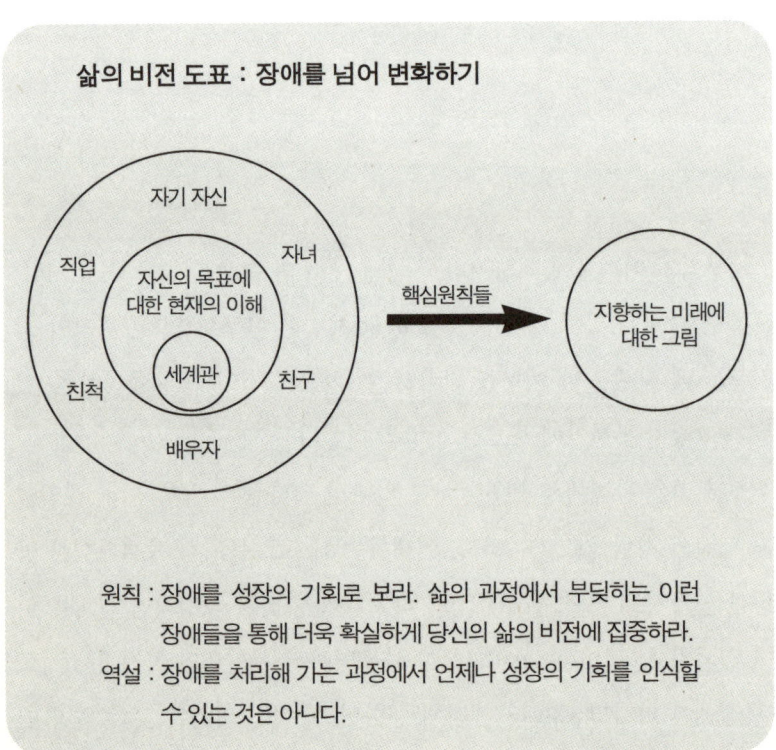

이 도표는 우리 모두가 인생의 여정 속에서 직면하는 현실을 보여 준다. 헤아릴 수 없이 많은 장애와 도전들. 이런 일들이 일어나지 않기를 바라는 것은 시간낭비일 뿐이다. 당신은 이제 이런 장애들을 배움의 기회로 포용해야 한다.

인생은 당신에게 커브 볼을 던지려 하고 있다. 당신이 나아가기로 되어 있다고 생각했던 그 길 바로 한가운데에 바리케이드가 가로막고 있다. 자신이 원하는 미래의 그림을 향해 나갈 때, 당신의 발목을 잡아채려고 위협하는 장애들과 직면하게 될 것이다. 특정한 미래의 비전을 향한 과정을 지속하는 데 집중하지 못하면 그 과정 중간 어디쯤에서 도중하차하게 될지도 모른다!

견고한 목적이나 자신이 어디로 향해 가고 있는지 뚜렷한 개념이 없으면, 지금까지 걸어온 길이 아닌 새로운 길로 접어들게 되거나 다른 결과에 이를 수 있다. 예상치 않았던 방향으로 접어들게 되고, 그것은 어쩌면 전혀 의도하지 않았던 방향일지도 모른다.

삶 속에 존재하는 우연의 순간이 완전히 잘못되었다는 말을 하려는 것이 아니다. 사실, 길을 따라가다 보면 확실히 행운이라고 할 만한 전환점을 만나게 된다. 본궤도로 다시 돌아 올 수 있거나 제대로 된 길에 올라설 수 있기만 하다면 이것은 괜찮은 일이다. 중요한 것은 문제나 도전이 당신으로 하여금 방향과 초점을 잃게 만들려는 때를 깨닫는 것이다. 그 도전이 무엇인지 정확하게 보고 이를 배움의 기회로 활용할 때, 당신은 인생의 비전을 향해 나아가는 과정을 튼튼하게 구축할 수 있다.

도전과 변화의 혹독한 단련 속에서 자신만의 개성이 확립된다

앞에서 나는 규칙적으로 운동하겠다는 약속을 실천하는 일이 얼마나 어려운 지에 대해 이야기한 적이 있다. 이 일이 왜 그렇게 힘이 들까? 그것은 편안한 상태에 있는 육체를 그 편안함으로부터 끌어내는 일이다. 보기 좋은 몸매를 유지하기 위해서는 대가를 지불해야 한다는 것을 뜻한다. 그리고 그 대가가 너무 큰 나머지 포기해 버리고 만다.

우리가 몸을 힘들게 하면, 몸은 다시 우리를 힘들게 한다. 이것은 육체적인 저항의 원리이며, 이것을 성공적으로 해냈을 때 보기 좋게 발달된 근육과 눈에 띄게 줄어든 군살, 그리고 활력을 결과로 얻는다.

삶의 문제와 도전은 신체가 운동을 하는 동안 겪는 저항과 같다. 사실, 인간관계에서 느끼는 어려움, 의사소통에서 발생하는 실수 그리고 재정적인 곤란을 '인생의 헬스클럽에서 줄여야 할 체중'이라고 생각할 수도 있다. 우리의 문제들을 이렇게 바라본다면, 이런 어려움들을 이겨내고 그들이 존재하는 이유를 볼 수 있게 될 것이다.

제2장 chapter3에서 언급했던 데이비드라는 친구가 바로 그 전형적인 예이다. 세계적인 장대높이뛰기 선수였던 그는 끊임없는 연습과 훈련의 과정을 거치면서 신체적인 저항의 원칙을 너무나 잘 알게 되었다. 하지만 올림픽경기 출전을 위해 견뎌야 했던 훈련의 고통은 후일, 제법 규모가 큰 제조업체를 운영하면서 이겨 내야 할 실제 삶의 전쟁에 비하면 오히려 수월한 편에 속했다.

여러 해 동안, 그의 회사는 매출감소, 갈수록 치열해지는 경쟁, 재고

관리, 헤아릴 수 없는 갖가지 문제들 속에서 허덕여야 했다. 이 모든 일들을 겪으면서, 데이비드는 좌절을 회사와 자신의 변화를 위한 교훈으로 삼으면서 항상 긍정적인 태도를 유지하려고 노력했다. 그는 힘든 시간을 견디면서 늘 자신의 신념, 가족들, 그리고 친구들에 대해 했던 약속에 충실하려 애썼다. 그만두고 싶거나 다른 사람들을 원망하고 싶은 때가 수도 없이 많았다. 하지만 도전을 이겨내는 쪽을 선택했고, 언젠가 회사가 비전을 성취할 수 있으리라고 확신했다.

지난 2년 동안 그의 회사는 상황이 완전히 바뀌어 지금은 날로 번창해 가고 있다. 매출이 늘어남에 따라 수익도 증대되고, 재고관리도 원활하게 이루어지고 있을 뿐 아니라 더욱 밝은 미래를 내다볼 수 있게 되었다. 이렇게 될 수 있었던 데는 데이비드에 대한 다른 사람들의 신뢰가 큰 역할을 했다. 그의 말을 빌자면, 힘겨웠던 지난 세월은 그를 더욱 감사할 줄 알고 겸손할 줄 아는 인간으로 만들어 주었을 뿐 아니라, 더욱 지혜롭고 성숙하게 만들어 주었다.

여기에서 우리가 귀기울여야 할 교훈은 데이비드가 자기 앞에 닥친 저항을 포용하고 이를 이겨 냈다는 것이다. 수년 동안 그 끝이 보이지 않는 갖가지 저항들에 부딪히면서, 그는 인내와 긍정적인 태도로 앞을 향해 꾸준히 나아갔다.

오늘날 그는 오랜 시간 동안 힘겨운 노고의 열매를 맛보고 있지만, 이제 종착지에 도착했다는 식의 태도는 전혀 엿볼 수 없다. 그는 이보다 더 나은 것이 있다는 것을 알고 있는 것이다. 미래에는 더욱 힘겨운 사업적인 어려움과 개인적인 도전에 직면하게 될 것이라는 것을 잘 알고 있지만, 그는 더욱 단단하고 강하게 단련되어 있다. 앞으로 어떠한 미래가 펼쳐지든 그는 발전해 갈 준비가 되어 있는 것이다.

평생을 통해 끊임없이 배우는 사람이 되라

장애를 위기가 아닌 기회로 바라볼 수 있게 되는 열쇠 가운데 하나는 바로 살아가는 동안 늘 배움의 자세를 잃지 않는 것이다. 이것은 항상 새로운 미개척 분야에 대해 생각을 열어 놓고, 새로운 사고를 자신의 세계관 속으로 받아들이고 통합하면서 시간의 흐름과 함께 삶의 비전이 펼쳐질 때 이를 견고하게 다듬어 나가는 것을 뜻한다.

미래는 언제나 당신이 생각하는 것과 다르게 전개되기 마련이다. 당신이 생각했던 대로 정확하게 일이 진행되지는 않는다. 시간의 틀은 당신의 바람보다 훨씬 더 길어질 수도 있고, 계획하지 않았던 일들이 당신의 인생에 떨어질 수도 있다. 하지만 평생 배움의 자세를 견지하고 자신이 계획했던 일들과 인생에서 우연히 부딪치는 사건들을 조화시킬 마음자세를 유지한다면, 당신은 인생의 계절이 바뀌는 동안 늘 새로운 전망과 기회를 발견하게 될 것이다.

살아가는 동안 늘 배우고자 하는 자세는 우리 삶의 많은 부분을 차지하고 있는 한 가지 현상을 극복하도록 도와 준다. 이것은 바로 타성의 현상이다. 평생 배우고 성장하려는 자세가 결여되어 있으면, 막연하고 분명치 않은 시기에 인간은 자신에게 가장 익숙한 상태에 머물고자 하는 경향을 띤다. 새로운 정보를 우리의 삶 속에 끌어들일 수도 없고, 성장을 가져올 수 있는 선택을 할 수도 없게 된다. 이것이 바로 타성이 가진 힘이다. 이것은 내가 아는 한 가장 극단적이고 파괴적인 힘 가운데 하나다.

끊임없이 배우는 자세를 견지하는 것은 새로운 정보를 추구하고, 경험의 봉투를 늘 열어 보며, 위험을 감수하고 새로운 가능성을 생각하는 쪽을 택한다는 것을 의미한다. 당신의 삶에서 바퀴자국으로 움푹 팬 길을 만들지 않도록 해 주는 것은 바로 이러한 자세이다.

존은 일생 동안 늘 배운다는 것이 무엇인지를 정확하게 보여 준 사람이다. 내가 그를 처음 만났을 때, 그는 한창 성장하고 있는 교회의 부목사였다. 그는 사람들을 올바른 신앙의 길로 이끌고, 정신적으로 좋은 조언자가 되어 주려는 자신의 개인적인 목표를 이루리라는 것을 알고 있었다. 사실, 그는 언젠가 자신이 속한 교회의 담임목사가 되리라고 생각했다.

내가 존을 더 잘 알게 됨에 따라, 나는 그가 다른 사람들에게 무언가를 가르쳐 준다든지, 사람들 앞에서 말을 한다든지 그리고 사람들이 어려움을 이겨 나갈 수 있도록 도와 주는 일을 할 때 가장 즐거워한다는 것을 발견했다. 특히, 그는 교회 내의 여러 모임들 속에서 성격상의 차이나 오해로 인해 발생하는 내부적인 갈등을 해결하도록 돕는 데 탁월한 능력을 발휘했다.

이런 연유로 결국 그는 정부기관, 교육기관, 여러 업종의 기업들에 대해 자문을 제공하는 회사로부터 컨설턴트로 일해 달라는 제안을 받게 되었다. 그 회사는 존이 임무수행 훈련모임과 갈등해결을 위한 활동을 훌륭하게 해결하는 것을 보고 그에게 이런 요청을 했던 것이다. 말할 필요도 없이, 이것은 존에게 힘든 선택이었다. 그는 자신의 목표를 분명히 의식하고 있었고, 목회활동은 이 목표를 성취하기에 더할 수 없이 좋은 길이라고 믿고 있었기 때문이었다.

타성의 힘은 강력했다. 프리랜서가 된다는 것은 고정적인 수입을 포기한다는 뜻이기도 했다. 더욱 중요한 문제는 컨설턴트라는 위치가 실제로 자신의 삶의 비전을 성취하기에 적절한 장소가 되어 줄 것인가 하는 의문이었다. 익숙하게 살아왔던 길과 이미 다져 놓은 기반을 떠나는 위험을 굳이 감내해야 할까?

개인적으로 거듭 고심하고 가까운 친구들과 의논을 한 끝에, 그는 목회자의 길을 떠나 전문 프리랜서 컨설턴트의 길을 선택하기로 결심했다. 그것은 어렵게 결정한 선택이었지만, 그는 컨설턴트의 삶을 통해 자신의 삶의 비전을 성취하면서 이전보다 더 다양한 부류의 사람들과 일할 수 있는 기회를 갖게 될 것이라는 걸 알고 있었다.

그 결정은 존과 그의 가족들에게는 상당한 위험을 감내해야 한다는 것을 의미했지만, 더욱 큰 성취와 더욱 많은 영향력을 미칠 수 있다는 점에서 그만한 가치가 있는 일이라고 확신했다. 그에게 만약 '평생 배우는 사람'이 되겠다는 태도가 없었더라면 그런 변화를 선택할 수 있었을까? 그렇지 못했을 것이다.

최근에 나는 존을 만난 적이 있었는데, 그는 컨설팅업계에서 일한 지난 2년을 곰곰이 되돌아보는 듯했다. 존은 자신이 직업을 바꾸기 전에 보냈던 수년 간의 시간들보다 지난 2년 동안에 더 많은 것을 배웠다고 말했다. 이미 튼실하게 자라난 가지에서 뻗어 나왔다가 다시 그 가지로부터 떨어져 나왔다고나 할까. 그것은 존에게 더욱 많은 배움의 기회를 가져다 주는 촉매제가 되었다.

첫 1년 동안 그는 갖가지 장애에 직면했는데, 그 중에서도 경제적으로 몹시 어려워졌다는 것이 가장 큰 문제였다. 하지만 그는 포기하지 않았고, 컨설팅이라는 직업이 실제로 자신의 삶의 비전을 이루는 작은 성공이 되리라는 것을 확신했다. 둘째 해는 형편이 훨씬 나아졌다. 존은 몇 명의 큰 고객을 확보하게 되었고, 그로 인해 첫해에 비해 수입이 세 배로 껑충 뛰었다.

이런 좋은 소식을 전해 듣는 것은 분명 즐거운 일이었지만, 나는 존이 이렇게 되리라는 것을 이미 예감했었다. 항상 배우는 삶을 살아가겠다는 자세가 바로 그가 늘 보여 준 모습이기 때문이다.

인내하는 법을 배워라

처음에 성공하지 못했다면, 다시 도전하라. 우리는 이와 같은 말을 자주 들어오고 있지만 과연 우리의 삶 속에서 얼마나 자주 입증해 보이고 있는가? 나의 경우 이전에 그리 흡족한 결과를 얻지 못한 일을 두 번 세 번 시도해 보려 애쓰곤 했다. 이때 성공하지 못한 노력을 통해 배우는 일이 쉽지 않다는 한 가지 교훈을 늘 얻었다. 특히 그것이 자신의 삶의 비전과 회사의 비전을 조화롭게 만드는 방법을 배우는 일일 경우에는 더욱 그렇다.

아메리칸 슈퍼볼에서 대기록을 수립했던 빈스 롬바르디Vince Lombardi 감독은 "중요한 것은 나가떨어지느냐 아니냐가 아니라, 당신이 다시 일어나느냐 아니냐이다"라고 말했다. 궁극적으로 조화를 이루리라는 가능성을 내다볼 수 있다면, 이 목표에 집중하고 해낼 수 있다는 확신을 간직하라.

배움에 있어 실패의 역할

인생에는 시행착오의 많은 가능성들이 도사리고 있다. 이는 한편으로는 삶의 흥미를 더해 주기도 하지만, 다른 한편으로는 많은 실망을 가져다 주기도 한다. 많은 교육과 경험 속에 누구보다 노련할지라도, 삶의 과정에는 실패의 순간이 있기 마련이다. 사실, 성공을 거둔 재기 넘치는 사람들조차도 하나같이 실패의 경험을 가지고 있다. 중요한 것은 어느 정도 혹은 얼마나 자주 실패를 겪었느냐가 아니라, 실패의 순간에 어떻게 대응하느냐이다.

실패로 인한 진정한 비극은 우리가 마치 뜨거운 난로에 덴 어린애처럼 행동한다는 것이다. 이렇게 되면 다시는 실패를 감내하고 싶지 않을 만큼 결과가 심각해진다. 선택의 기로에 놓였을 때, 안전한 길을 선택하게 되며, 더 이상 위험을 감내하지 않게 되고, 성취와는 거리가 먼 곳에 안주하려 들게 된다. 과거의 실패가 가져다 준 신체적, 정신적, 정서적 고통이 새로운 시도가 안겨 줄 혜택을 삼켜 버린다. 이는 매우 불행한 일이다.

지난 해 나는 아주 고통스러운 실패를 경험했다. 1년 전에 고객이 된 웨스트 코스트 사로부터 관리과정의 변화를 검토·기획해 달라는 요청을 받았다. 나는 그 회사의 최고 경영자의 기대를 잔뜩 받고 있었고, 그 회사는 한창 성장하는 활력에 찬 기업이었다. 모든 것이 그 컨설팅 프로젝트가 성공할 것이라고 말해 주는 듯했다.

그 회사와 함께 나는 직원들이 시도하고자 하는 변화를 충분히 이해할 수 있도록 하기 위해 1년에 걸친 워크숍을 기획했다. 두 차례의 워크숍을 기획하는 일을 돕기 위해 나의 동료 한 명을 이 프로젝트에 동참하도록 했다. 그는 일을 아주 잘해 냈고, 고객은 나의 동료에 대해 호감을 가지게 되었다. 그리고 나의 프로젝트 추진방식과 프로젝트 기획을 내가 주도할 것인가에 대해 의문을 가지기 시작했다. 문제가 다시 새로운 문제로 이어졌고, 나는 밀려나고 말았다. 그리고 나의 동료가 그 프로젝트를 담당하게 되었다.

15년 동안 기업 컨설팅을 해오며 이런 일을 당하기는 처음이었다. 나는 실패의 원인을 분석해 보다가 몇 가지 적절하지 못한 가설을 세웠다는 것을 알게 되었다. 간단히 말해서, 나는 그 회사와 나의 관계가 아주 괜찮다고 섣불리 생각한 나머지 그 회사가 정말로 필요로 하는 것을 주지 못했던 것이다. 이 실패에 내가 어떤 역할을 했는지 직시하고 이 경험을 다음 고객과의 관계에서 거울로 삼았다. 나는 실패로부터 배우고 인생과 의기투합하기로 결심했다!

  너무나 많은 사람들이 과거의 실패에 집착한 나머지 자신들의 삶의 비전 성취로부터 밀려나고 만다. 그들은 과거의 실패가 자신들을 삼켜 버리도록 내버려두고 있다. 지난 15년 간 나는 이런 사람들을 많이 만나왔다. 처한 환경은 각기 다르지만, 그들은 하나같이 비슷한 지점에 머물러 있었다. 애석하게도 그들은 꿈과 열망을 접어 버린 채 다른 곳에 안주하고 있었던 것이다.

  잠시 동안 자신의 지난 실패를 되돌아 보라. 당신은 실패에 어떻게 대응했는가? 실패로부터 배웠는가 아니면 실패를 그대로 방치해 두었는가? 똑같은 실수가 되풀이되고 있지는 않은가? 실패의 고통이 너무 큰 나머지 다시는 시도하지 않겠다고 손 들어 버리지는 않았는가?

변화에 대한 책임을 져라

  자신의 삶의 목표를 발견하고 조화를 이루며 새롭게 만들어 가는 일은 당신의 몫이다. 다른 사람들의 도움과 관여도 필요하겠지만, 행동과 태도를 제어할 수 있는 사람은 오로지 당신뿐이다. 자신의 삶의 비전을 발견하고 당신이 다니는 회사와 조화를 이루는 쪽을 선택하라. 당신의 회사가 당신에게 맞추기를 기다리기만 해서는 안 된다.

  어쩌면 당신은 현재 일이 되어 가는 상황이나 과거에 자신에게 있었던 일련의 일들에 대해 짜증을 느낄지도 모른다. 어쩌면 지난날 기회를 놓쳐 버렸던 것을 후회하며 살고 있을지도 모른다. 혹은 동료들, 이전에 근무했던 기업의 경영자 또는 자신의 가족들에 대해서조차 짜증을 느끼고 있는지도 모르겠다. 또 어쩌면 다른 사람들이 당신의 인생에 대해 내리는 결정들을 그냥 받아들였는지도 모른다.

 삶의 변화를 시도하거나 삶 속에 존재하는 역기능들을 깨뜨리기에는 지금도 결코 늦지 않았다. 당신은 변화를 추구한 데 따른 책임을 인정할 수 있다. 과거를 극복할 수 있다. 당신의 인생을 위한 새로운 장을 써 나갈 수 있다.

 과거에 꽤 많은 삶의 역기능을 경험한 한 여성 고객과 상담을 한 적이 있었다. 중간관리자 계층의 이 고객은(그녀를 카렌이라고 부르기로 하자) 회사 내 어느 부서에서도 적응하지 못하고 있었다. 그녀의 업무수행 능력은 후하게 평가해서 보통이라고 할 정도의 수준이었다. 회사는 카렌이 최소한도로 자신의 임무를 처리해 주기만 한다면 개의치 않는 것 같았다. 하지만 그녀는 좌절과 불행에 빠져 있었다.

 어느 날 오후 함께 얘기를 나누는 동안, 카렌은 스스로를 남다를 것 없는 능력의 평범한 사람으로 생각한다고 털어놓았다. 그녀는 자신이 결코 성공할 수 없을 것이라고 느꼈다. 대화는 더욱 깊이 있게 이루어졌다. 우리는 카렌의 지난날을 상세히 검토한 결과 카렌의 부모님은 그녀가 잘못할 때마다 전혀 남다른 재능이라곤 없다고 말하는 식으로 그녀에게 '보통사고'를 주입시켰다. 그리고 이렇게 그녀에게 '보통'이라는 꼬리표를 달아 놓았다.

 과거의 실패에 대해 그릇된 생각을 하고 있다는 점을 그녀에게 인식시키자 얼마간의 희망이 찾아드는 것 같았다. 그녀를 지켜보는 일은 거의 감동적이라 할 만했다. 그것은 그녀가 삶의 목표를 발견하고 성취하는 여행의 시작에 불과했다. 지난 3년에 걸쳐 나는 카렌이 성장 변화하는 모습을 지켜볼 수 있는 행운을 누렸다. 지금 그녀는 아주 근사한 회사에서 한 부서의 책임자로 많은 사람들 앞에서 능숙하고 세련되게 자신의 의견을 펼치는 인물로 변신했다. 이제 보통이라는 꼬리표와 과거의 실패들을 완전히 떼어 버리고 이것들을 변화와 성장을 위한 기회로 바꿔 놓은 그녀는 지금 유쾌하고 즐겁게 자신만의 특별한 삶의 비전을 추구하며 살고 있다.

평범을 뛰어넘어라

내가 컨설턴트로서 발을 들여놓은 지 얼마 되지 않았을 무렵, 나의 매형이 내게 자신이 발견한 의미심장한 진리를 말해 주었다.

"많은 사람들은 평범하다는 것에 만족한다."

비즈니스 컨설턴트로서 나는 수천 명의 비즈니스에 종사하는 사람들을 관찰해 왔다. 그 당시 나는 매형의 말이 사실이라 생각했고 지금도 그렇다. 어느 조직이나 열심을 다해 뛰어난 능력을 발휘하면서 현상유지에 만족하지 못하는 사람들은 소수인 반면, 많은 사람들은 '오늘 해야 할 일을 내일로 미루는 것'을 아무렇지 않게 여기는 경향을 보인다.

이런 태도는 직장에서 많은 '평균치'라는 결과를 낳는다. 나는 이런 평균치 현상을 일종의 소용돌이로 규정하고 싶다. 이것은 운동에너지를 받아 더욱 거대한 소용돌이를 이루고, 이 회오리바람 속으로 사람들을 빨아들인다. 일단 이 힘에 빨려 들어가면, 현재에 안주하면서 만족하게 되고 지속적인 발전과 변화를 꺼리게 된다.

그러나 이런 평범의 소용돌이를 뛰어넘는 것이 바로 당신 앞에 놓인 도전과 과제이다. 이것을 뛰어넘는 열쇠는 자신의 삶의 비전을 발견하고 조화를 이루며 끊임없이 새롭게 변화시켜 나가려는 노력과 열성이다. 평균치를 향해 가려는 경향을 극복하려는 노력에 있어 이보다 더 강력한 지렛대가 되어 줄 만한 것은 없다.

자신만의 독특한 삶의 비전을 발견하려는 적극적인 노력은 내가 지금까지 경험했던 다른 어떤 것과도 결코 비교할 수 없는 정력과 활력을 가져다 준다. 나는 많은 사람들에게서 이런 깨우침을 관찰해 왔다. 자신의 삶 속에 특별한 목표가 있다는 것을 믿으면, 일련의 변화가 일어나기 시작하고, 다른 빛 속에서 세상을 바라보게 되는 것이다. 자신의 삶의 비전에 대해 더욱 큰 열정과 활력을 느끼게 된다. 이것은 인간에게 일어날 수 있는 가장 유의미하고 가슴 뛰는 사건 가운데 하나이다.

우리는 누구나 자신보다 더 큰 무엇인가와 함께 하고자 하는 내적 바람을 가지도록 창조되었다. 우리는 적어도 한 가지 이상의 여러 사회집단의 일원이 되고자 한다. 그렇기 때문에 자신의 삶의 비전을 자신이 일하는 회사와 조화시키는 과정은 매우 큰 의미를 가진다. 일터는 당신이 깨어 있는 시간 가운데 가장 많은 시간을 보내는 사회집단이다. 당신이 속한 일터라는 조직의 더 큰 목표와 당신 자신을 조화시키기 위해 적극적으로 나서지 못할 이유가 없다. 당신이 그렇듯이 일과 인생은 새로운 의미를 지니게 된다.

평균치의 멜로디에 귀를 막는다는 것은 우리의 삶의 비전을 새롭게 변모시키고자 하는 열성과 확신을 의미한다. 정의를 내리자면 새롭게 거듭나기는 새로운 인생, 새로운 정력 그리고 새로운 시각을 가져다 준다. 새롭게 변모하면서 다시 정력을 기울일 수 있는 시간을 갖기란 쉽지 않은 일이다. 우리는 흔히 하루하루의 일상을 살아가기에도 빠듯하고 눈앞에 닥친 일에 매몰되기가 쉽다. 새로이 변모하고자 하는 요구와 이를 실행하기 위한 공간을 확보하기가 쉽지 않은데서 오는 어려움은 우리 내부에 건강한 긴장을 불러일으킨다. 우리가 이 긴장에 적절하게 대응할 수 있다면 평범해지려는 경향을 극복할 수 있다.

삶의 비전을 다시 고안하라

쇼펜하우어는 "우리의 삶은 여행과 같아서 앞으로 나아감에 따라 처음 나타났던 풍경과 다르게 전개되고, 가까이 다가감에 따라 다시 다르게 바뀐다"고 말했다. 우리의 삶의 비전의 경우도 그렇다. 인생의 여정을 따라 가면서 새로운 전망이 나타난다. 환경의 변화는 우리의 삶의 비전에 변동이나 변화를 가져다 줄 수 있는 새로운 깨달음을 준다.

살아가면서 변화와 도전에 직면할 때, 당신의 삶의 비전을 다시 고안해야 하거나 중대한 변화를 모색해야 할 시기가 온 것은 아닌지 자기 자신에게 물어 보는 것이 중요하다. 이런 일이 자주 일어나는 것은 아니지만 적절한 대응을 통해 삶의 비전의 재창출을 이룰 수 있는 몇 차례의 중대한 시점에 도달할 수 있다.

삶은 우리의 독특한 사명을 실행하기 위해 그에 따른 여러 다양한 단계를 제시한다. 우리는 한 회사에서만 일한다거나 특정한 지역에서 평생을 살지 않는다. 이전과는 다른 삶의 비전을 확립하고 이를 채택할 수 있는 열린 자세를 유지할 필요가 있다. 중심개념이 바뀌지는 않을지라도 그것을 실제로 적용하는 과정이 바뀔 가능성은 얼마든지 있다.

이는 상당한 긴장을 느끼게 한다. 우리의 목표에 중요한 변화를 시도하고 다시 확립하고, 과거와의 연결고리를 끊고 새로운 방식으로 위험을 감수하며 미래를 맞이해야 할 때가 이르렀다는 것을 어떻게 알 수 있을 것인가? 이런 질문에 대해 쉽게 대답을 찾을 수는 없다. 진지한 생각과 고민을 거치지 않은 채 이런 변화를 추구해서는 안 된다. 조화의 문제를 충분히 검토하기 위해 우리가 사랑하고 존경하는 사람들로부터 조언을 구해야 한다. 궁극적으로 이것은 신념의 문제로 귀결된다. 지금이 새로운 방식으로 자신의 목표를 표출해야 할 시기라는 확신이 설 때, 그것을 향해 뛰어 들어야 한다.

장애와 변화는 극복할 대상이다

장애와 변화는 늘 우리 삶의 한 부분이다. 현실을 탓하기보다는 도전을 자신의 삶의 비전의 친구로 바라보리라 결심하라. 이것이 바로 당신의 사명을 성취하는 비결이다. 삶의 비전을 생각하라! 결코 꺾일 줄 모르는 정신력과 강력한 삶의 비전을 향한 지칠 줄 모르는 추구에 힘입어 온갖 장애와 도전을 극복하라. 어느 누구보다도 위대한 정신력으로 극복해야만 언제 다가올 지 모르는 역경을 통해 더욱 강해질 수가 있다.

연습문제1　과거 속에서 변화에 대응하는 방법 찾기

변화의 시간들을 되돌아보는 일은 중요한 배움의 툴이 될 수 있다. 지난 날 당신의 삶에 있었던 중요한 변화의 시기를 돌아보고 어떻게 이에 대응했었는지 생각해 보라. 기억을 되살리기 위해 다음의 목록을 이용하라.

사랑하는 사람의 죽음

대학 입학

집을 떠나 있었던 일

결혼/출산/이혼

새로운 직장

1. 이런 변화의 시간을 생각하면 당신은 무엇이 떠오르는가?
2. 어떤 기분을 느꼈는가? 그리고 어떻게 대응했는가?
3. 이런 변화를 견딜 수 있도록 진정으로 도와 준 것은 무엇이었는가? 이전과 달라지기 위해 당신은 어떤 행동을 취했는가?
4. 과거의 이런 변화의 경험이 미래의 변화에 대응하는 당신의 능력에 어떤 영향을 미치는가? 변화를 제대로 제어할 수 있도록 힘을 주는가?

연습문제2 과거의 역기능 극복하기

이번 chapter에서 우리는 과거의 역기능이나 부정적인 사건들을 극복하는 것에 관해 논했다. 이에는 다음과 같은 것들이 포함될 수 있다.

무척 가슴 아팠거나 정신적인 충격이 컸던 사건들

자신이 저지른 중대한 실수나 잘못들

놓쳐 버렸던 중요한 기회들

후회스러운 결정들

중요한 사람과의 관계단절

미워하는 인간관계나 가정상황

불법적이거나 부도덕한 행동들

타인으로부터 이용당했던 경험

1. 이 가운데 한두 가지를 선택하여 그 사건과 당시 당신이 겪었던 충격에 대해 한두 문장 정도로 간략하게 적어라.
2. 현재의 행동, 태도, 그리고 사고에 어떤 영향을 가져 왔는가?
3. 당신이 겪었던 그 영향을 극복할 수 있다고 생각하는가? 그렇다면 혹은 그렇지 못하다면 왜 그런가?
4. 과거의 영향을 치유하기 위해 현재 당신이 취할 수 있는 행동은 무엇인가?

Chapter 2
새로운 변화의 힘을 이끌어 내기

"진정한 삶의 정수는 새롭게 거듭나는 것이다."

―로버트 워터만 Robert waterman

자신의 삶의 비전을 발견하고 조화를 이루어 가는 여정은 한평생 동안 계속될 지도 모른다. 우리들 가운데 대부분은 발견과 조화를 이루려고 노력하면서 평생을 보내게 될 것이다. 나의 경우, 이로 인해 삶은 그만큼 멋진 모험이 되고 있다.

이 책에서 나는 많은 이야기들을 소개했는데, 대부분 문제를 극복하고 어려움을 헤쳐 나가며 그리고 과거의 실패로부터 배우는 것에 관한 내용이었다. 우리는 누구나 삶이 결코 만만치 않다는 것을 알고 있다. 그렇다면 앞을 향해 나아가겠다는 우리의 결심을 어떻게 하면 고수할 수 있을까? 그리고 고수하겠다는 이 결심을 어떻게 하면 줄곧 유지할 수 있을까? 이런 질문들에 답을 구하기는 쉽지만 그것을 실제로 적용하기란 쉽지 않다.

인간은 새로이 원기를 회복해야만 살아갈 수 있다. 충분한 수면을 취하지 않은 채 일상의 활동을 유지할 수는 없다. 배터리를 재충전하듯 음식을 먹지 않고 오래 버틸 수는 없다. 일터에서 기민하게 활동하며 집중력을 발휘하기 위해서는 느긋하게 여유를 즐길 수 있는 주말의 휴식이 필요하다. 즉, 우리는 스스로를 늘 새롭게 만들어야 하며 그렇지 않으면 완전히 소진되어 버리고 만다.

삶의 비전을 성취하는 과정을 지속하는 일은 힘겨운 노력이 요구되는 도전이 될 수 있다. 당신이 원하는 대로 일이 되어 가지 않거나 여러 문제가 한꺼번에 불거져 나올 때는 특히 그렇다. 어려운 상황 속에서 삶의 비전을 성취하며 자신의 원칙을 유지하기란 더욱 어려운 일이다.

장기적인 관점에서 옳은 선택은 그 성과를 당장 가시적으로 볼 수 없는 경우가 많다. 앞으로 더 나은 결과를 얻을 수 있으리라는 것을 알면서도 이를 버리고 단기적인 결과를 선택하고픈 유혹을 느끼기도 한다. 새로이 거듭나기가 중요한 이유는 바로 이 때문이다. 날마다 꾸준히 앞으로 나아가기 위해서는 당신에게 강함, 통찰력, 그리고 열정을 주는 거듭나기의 과정에 전념해야 한다.

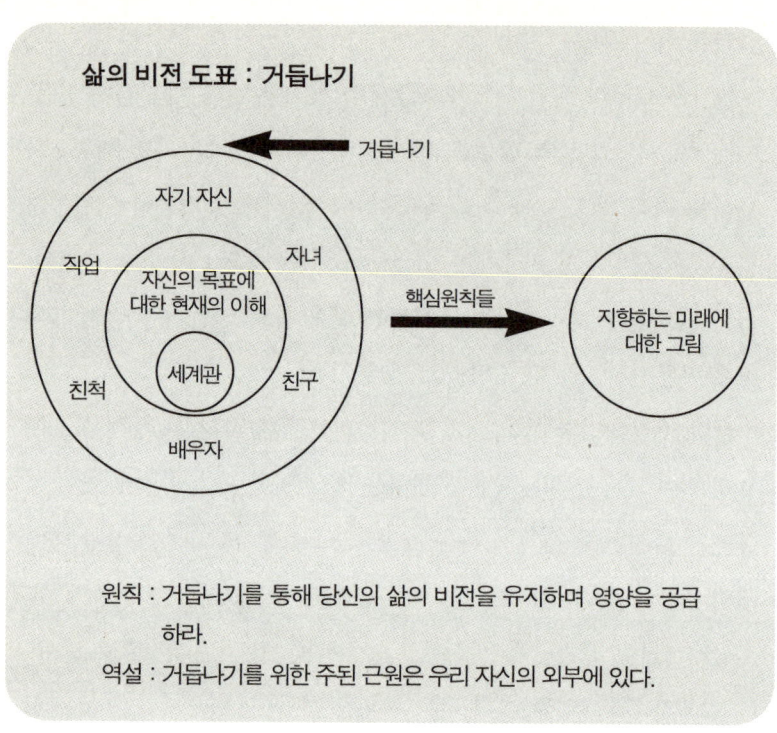

제3장 chapter1에서 나는 연속적인 삶의 비전 도표에 인생의 과정에서 부딪히는 장애를 덧붙여 이야기했다. 이제 일상의 생활 속에 존재하는 장애를 극복할 수 있는 '거듭나기' 라는 열쇠를 더하고자 한다. 자기 혼자 힘으로 삶의 장애를 조정하고 해결하는 쪽을 택하는 사람들도 있지만, 우리 대부분은 삶을 이끌어 가기 위해서는 연료를 공급받아야 한다. 거듭나기는 에너지원과 연결되어 연료를 공급받아야만 작동하는 메커니즘으로 되어 있다.

당신은 거듭나기 과정을 통해 삶의 비전을 유지하고 영양을 공급받는 쪽을 택할 수도 있고, 그렇지 않은 쪽을 택할 수도 있다. 스스로를 새롭게 만들지 않는다면, 삶의 비전을 성취할 수 있는 가능성은 그만큼 줄어든다. 인생은 일종의 주사위 놀이와도 같다. 당신이 계획했던 목적지로 도착할 가능성이 크다고 생각되는 쪽에 내기를 거는 것을 인생이라고도 할 수 있을 것이다. 새로이 거듭나는 과정을 통해 당신은 최악의 상황에서도 이를 헤쳐 나갈 수 있고, 자신이 원하는 미래를 향해 전진할 수 있다.

하지만 거듭나는 삶을 살겠다고 선택하는 것은 거듭나기 과정의 시작일 뿐이다. 거듭나는 데 필요한 시간을 마련하고, 실제로 이렇게 될 수 있도록 만드는 힘든 도전이 기다리고 있다. 거듭나기가 가진 역설은 바로 여기에 있다. 거듭나기에 필요한 궁극적인 에너지원은 당신 내부에 있지 않다!

포스트모더니즘 시대의 정신적인 지도자들은 '당신 자신 속에서' 힘을 발견하라고 역설하지만, 나는 그 반대로 하라고 말하고 싶다. 당신이 가는 길에 큰 돌덩어리들이 가로막고 있을 때, 이를 해결하려는 신념과 의지를 강하게 다지느냐 그렇지 못하느냐는 당신이 신의 힘에 기댈 수 있느냐 그렇지 못하냐에 달려 있다. 나는 이 초자연적인 힘이 소망하는 미래의 그림을 만들기 위해 앞으로 나아갈 수 있는 능력의 가장 중요한 요소라는 것을 알았다.

이제 우리는 여러 다양한 시각에서 거듭나기를 조망해 볼 것이다. 그리고 거듭나기란 무엇인지, 왜 우리는 새롭게 거듭나야 하는지, 그리고 이렇게 하기 위해 어떻게 실제적인 방법을 찾을 것인지 살펴보도록 하자.

거듭나기란 무엇인가?

당신만의 특별한 목표를 발견하고, 조화를 이루며 성취하는 것이다. 또한 당신이 속한 각각의 삶의 비전 커뮤니티 속에서 균형을 이루고, 통합 성장하는 것이다. 거듭나기는 당신의 삶의 비전의 성취를 촉진하는 과정이다. 이 정의를 좀더 자세히 들여다 보자.

거듭나기란, 가장 기본적인 단계의 정신적인 개념이다

제1장 chapter2에서 우리는 당신과 당신 자신의 삶의 비전 커뮤니티에 관해 이야기했다. 이것은 마음, 감정, 신체, 그리고 영혼의 커뮤니티이다. 또한 거듭나기 과정이 가장 활발하게 일어나는 커뮤니티이기도 하다. 만약 자신이 마음, 감정, 신체, 그리고 영혼의 여러 차원으로 이루어져 있다는 사실을 인정한다면, 이 차원들 가운데 진정한 현재의 당신을 이루는 중심적 내지는 진원점이 되는 한 가지 차원이 있다고 보아도 무방할 것이다.

당신의 중심에서 당신은 영혼적인 존재라고 나는 믿는다. 본질적으로 거듭나기는, 영혼의 에너지와 생명의 궁극적인 근원인 창조주와 연결됨으로써 당신의 영혼을 소생시키고 생기를 불어넣는 것이다. 정말로 당신의 영혼이 중심에 있다면, 당신의 영혼에 자양분을 공급하고 이를 지키고 그리고 꽃을 피울 수 있도록 해야 한다. 거듭나기가 삶의 비전을 성취하는 열쇠가 되는 것은 바로 이런 이유에서다.

영혼이 현재의 당신의 한가운데에 있다는 이유로 다른 차원들은 무시되어도 좋다는 의미는 아니다. 오히려 그와 반대로 마음, 감정, 신체, 그리고 영혼은 모두 서로 연결되어야 한다. 그렇기 때문에 정신적, 감정적, 그리고 신체적인 건강과 성장의 적극적인 추구가 당신의 행복을 지키는 데 중요한 요소가 된다.

거듭나기는 당신의 영혼에 생명을 회복시켜 준다

물은 가장 기본적인 에너지원 가운데 하나이며 인간이 존재하는 데 필요한 핵심요소 가운데 하나이다. 우리 주변을 둘러싸고 있는 자연을 바라보라. 물이 있는 곳에 생명이 있다. 물과 마찬가지로, 거듭나기는 우리에게 생명과 원기를 가져다 준다.

거듭나기를 통한 힘을 확실히 공급받기 위해서는 당신의 수로를 건설하는 문제를 진지하게 고민해야 한다. 자기 자신을 새롭게 변화시키기 위해 적극적으로 계획하고 이 계획을 성취하기 위해 실제로 발걸음을 내딛어야 한다.

거듭나기는 항상 옛것과 새것이 함께 공존한다

거듭나기는 당신에게 미래를 끌어안기 위해 과감히 나아가면서 과거의 최고 경험들을 분명히 인식할 것을 요구한다. 이것은 단순히 옛것을 뒷전으로 하고 새것에 우위를 두라는 의미가 아니다. 성장과 내일의 새로움을 추구하면서 동시에 과거의 소중한 기초들을 현명하게 지켜야 한다.

거듭나기의 과정은 흔히 과거의 어떤 일을 우리의 의식의 전면으로 되가져 온다. 시간이 흐름에 따라 희미해진 과거의 경험으로부터 당신은 무엇인가를 다시 떠올리게 될 것이다. 혼자 조용히 생각에 잠겨 있을 때면 나는 자주 어린시절에 있었던 일을 떠올리곤 한다. 그때의 경험을 회상하면서 그 일이 나를 어떻게 변화시켰는지 생각하는 동안 나는 현재에 대한 새로운 통찰력을 발견한다.

지난 일을 곰곰이 반추할 때 앞으로 당신이 그대로 지켜 가고 싶거나 더욱 추구하고 싶은 적성과 재능들이 무엇인지 생각해 보기를 권한다. 미래의 성장을 위한 기반으로 활용할 수 있는 것들은 무엇인가? 지난 날의 어떤 노력과 행동들이 성공적일 수 있었던 것은 어떤 가치와 믿음이 있었기 때문인가? 거듭나기 과정의 목표는 이런 가치들을 주춧돌로 활용하는 데 있다.

과거에 당신에게 특별한 의미를 지녔던 인간관계는? 이것은 당신이 앞으로 만나게 될 사람들과도 마찬가지로 만들어 가고 싶은 인간관계이다. 즉, 과거에 있었던 최고의 경험들을 포용하는 것은 미래의 삶의 비전 성취를 위한 단단하고 안정적인 기반이 된다.

이와 함께 당신은 앞으로의 경험에 다시 부가하고자 하는 '새것'에 관해서도 규정해야 한다. 현재의 실체와 미래의 비전 사이에 괴리가 있는가? 현재의 행동과 진리와 원칙이라는 외부적 기준들 사이에 틈은 없는가? 이러한 괴리는 당신이 앞으로 어디를 향해 변화하고 성장해야 할 것인지를 말해 준다. 이렇게 자신에게 존재하는 괴리를 찾다 보면 자신의 삶을 위한 새로운 진리나 통찰력을 발견할 수 있는 실마리를 찾을 수 있다.

옛것과 새것의 공존에 관해 사고하는 또 한 가지 방법은 집을 새로 수리하는 과정으로부터 유추해 볼 수 있다. 집수리는 대개 변화시키거나 완전히 개조하고자 하는 것들을 고려하면서 손대지 않고 그대로 둘 부분과 수리해야 할 부분을 평가하는 것에서 시작한다. 아름다운 결이 살아 있는 마루바닥, 디자인이 독특한 계단, 그리고 특이한 벽감壁龕은 새로 단장한 집에 그대로 보존하고 싶은 옛것의 예라고 할 수 있다. 반대로 능률이 떨어지는 부엌, 작은 침실, 좁은 현관은 당신이 완전히 뜯어고치고 싶은 것들이다. 거듭나기란 이처럼 당신의 삶에 새로 더하고 싶은 요소들을 진지하게 고려하면서 동시에 기존에 당신이 가진 적성, 재능, 과거의 경험들을 발전시키는 것이다.

개인적인 거듭나기와 집수리에서 동일하게 나타나는 재미있는 사실 한 가지는 집을 수리하고 있는 동안에 다른 곳으로 옮겨가서 살 만한 여유가 있는 사람들이 많지 않다는 점이다. 그 집에 그대로 살면서 수리하는 동안의 혼란과 난리를 견뎌야 한다. 거듭나기를 거치는 동안 당신은 수리과정에 있는 집에서 사는 혜택을 갖게 된다.

당신은 변화와 변동의 단계에 살면서 새로운 것을 추구해야 한다. 이것은 우리들 대부분에게는 불편한 일이 되겠지만, 개인의 성장을 위해 반드시 거쳐야 할 부분이다. 물론, 대부분의 집수리는 애초에 예상했던 것보다 두 배의 시간과 비용이 들어간다. 이것은 개인의 거듭나기 또한 마찬가지로서, 이 역시 우리가 바라는 것보다 더 긴 시간이 걸리고 더 많은 노력이 요구된다.

거듭나기를 통해 생성과 소멸을 경험한다

과거의 기억 속에는 그대로 보존하면서 더욱 쌓아 가고 싶은 것들이 많이 있는 반면, 종지부를 찍어야 할 것들도 그만큼 많다. 씨앗을 뿌리는 것에 비유한 다음과 같은 말이 있다.

"씨앗을 땅에 뿌리지 않으면, 그것은 한 알의 씨앗으로만 남을 뿐이다. 하지만 씨앗이 땅속에 심어져 '죽으면', 그것은 많은 새로운 생명으로 꽃을 피우고, 많은 새로운 씨앗을 담은 열매를 맺는다."

우리는 각자 죽어야 할 것들—오래된 습관, 낡은 사고방식, 옛 기억들, 구태의연한 행동패턴—을 가지고 있다. 새로운 습관, 새로운 사고방식들이 자라날 수 있도록 이런 것들은 죽어야 한다. 이것은 옛것의 나쁜 습관들이 새것과 함께 공존할 수 없는 상황을 보여 주고 있다. 좋지 않은 옛것은 죽고, 새것이 옛것의 자리를 대신해야 한다.

거듭나기는 부정적인 습관이나 행동들, 낡은 사고방식, 과거의 좋지 않는 경험들을 묻어 버리겠다는 당신이 의식적으로 선택하는 과정이다. 그 과정을 통해 당신은 새로운 삶의 방식을 끌어안게 된다.

왜, 새로워져야 하는가?

거듭나기가 무엇인지 생각하는 지금, 왜 거듭나기가 그토록 중요한지 깊이 있게 살펴보기로 하자. 거듭나려는 노력이 필요한 데는 다음과 같은 이유가 있다.

변화의 시기를 잘 견딜 수 있도록 도와 준다
인생은 여러 시기들로 이루어져 있다. 유아기, 어린시절, 청소년기 그리고 성인기라는 주된 시기들이 있다. 이 시기들 속에는 대학입학, 결혼, 주택마련, 자녀의 탄생, 사랑하는 사람의 죽음, 이혼 혹은 별거, 이사, 승진 혹은 퇴직, 그리고 자녀의 출가와 같은 중요한 인생의 사건들과 연관된 제2의 시기들이 있다. 이런 각각의 변화의 시기는 그것이 긍정적인 변화인지 여부에 상관없이 어느 정도의 스트레스와 불안을 수반한다. 예를 들어, 결혼은 놀랍고 멋진 사건이지만 이로 인한 많은 스트레스와 걱정을 함께 겪을 수 있다.

새로운 시기는 새로운 스트레스, 새로운 어려움, 그리고 해결해야 할 새로운 문제를 의미한다. 거듭나기는 이 모든 변화의 한가운데에 있는 당신에게 아주 큰 도움이 될 수 있다. 사실, 이런 사건들은 대개 당신이 이전에 전혀 경험해 보지 못한 것들이기 때문에, 새로이 거듭나야 할 필요성은 더욱 커진다.

삶의 시기들이 당신을 삼켜 버릴 듯이 위협하는 변화를 동반할 때, 거듭나기는 당신을 회복시켜 상황을 헤쳐 나가겠다는 결심을 하도록 만들어 준다. 거듭나기는 미래의 희망뿐 아니라 현재의 힘을 가져다 준다.

'익숙하고 판에 박힌 일상'에 신선한 바람을 불어넣어 준다

인간은 습관의 노예이다. 판에 박힌 일상은 혼돈과 변화의 와중에서도 우리에게 안정감을 준다.

> "나를 둘러싸고 너무나 많은 변화가 일어나고 있기 때문에, 나는 몇 가지 간단한 것들을 제어함으로써 나의 삶 속에 얼마간의 안정을 지키겠다."

하지만 안정, 편안함, 그리고 안전을 추구하는 과정에서 상투적인 틀에 빠진 적은 없는가? 상투적인 틀은 낡아빠진 일상과 같으며, 너무나 노련해지고 익숙해져 있어서 타당성마저 잃어버리고 만다. 당신의 삶에서 얼마나 많은 일상들이 딱딱하게 말라가며 곰팡내를 풍기고 있는가? 늘 TV만 보는 습관을 돌아보고 이를 바꿔 보려고 해 보았는가? 남편이나 아내와 마음을 터놓고 이야기를 나누기 위해 진심으로 최선을 다한 적이 있는가? 직장에서 평범의 어느 귀퉁이에 안주하고 있지는 않은가? 단지 얼마간의 안정을 얻기 위해, 최고가 되려는 노력을 그만둬 버린 것은 아닌가?

당신의 삶 속에 틀에 박힌 것들이 자리를 차지하고 있지는 않은지 적어도 1년에 한 번 정도 점검해야 한다. 편안한 나머지 판에 박힌 일상으로 변할 소지가 있는 것은 없는지 스스로에게 물어 보아야 한다. 이 질문에 솔직하게 대답을 구한다면, 당신은 미래의 긍정적인 변화를 위한 거듭나기 과정을 시작할 수 있다.

삶의 비전을 성취하기 위한 중요한 수단이다

삶의 비전의 성취를 향해 나아가는 동안, 당신은 분명 제3장 chapter1에서 언급했던 도전과 장애에 직면하게 될 것이다. 그 길 위에서 도중하차하고 상처를 입은 채 길옆으로 밀려나 버릴 가능성도 많다. 거듭나기는 당신을 치유하고 원기를 회복시켜 주며, 계속해서 앞으로 나아갈 수 있는 연료를 공급해 주는 과정이다.

삶의 비전의 성취와 관련하여 많은 요소들이 작용하지만, 새롭게 거듭나겠다는 개인적인 선택이야말로 당신의 미래에 영향을 미칠 수 있는 많은 요소들 가운데 가장 앞에 놓인다.

삶의 많은 부분은 당신이 제어할 수 있는 범위 너머에 있다. 앞으로 승리할 것인지 아니면 비극에 직면할 것인지 당신은 전혀 예측할 수 없지만, 새롭게 거듭남으로써 우리 가까이에 존재하는 놀라운 능력에 맞닿고자 하는 선택은 당신에게 있다. 이렇게 선택함으로써, 당신은 삶의 비전을 향해 나아갈 수 있는 추진력을 부여받게 될 것이다.

거듭나기와 신념

삶은 가슴 설레는 여정으로, 가능하리라고 생각조차 해 보지 않은 곳으로 우리를 데려간다. 또한 부딪히게 되리라고는 생각조차 해 보지 않은 문제들을 우리 앞에 들이댄다. 다가가서 다른 사람들의 어깨를 쓰다듬을 때, 그들은 다시 우리의 어깨에 손을 얹는다. 먼저 봉사할 때, 우리는 만족과 성취를 선물로 받는다. 성장하고 변화하며 성숙해지고 지혜로워진다. 이 모든 일은 실제로 행동하고, 감사의 시간을 누리고, 기다림이라는 불안을 견딜 때 찾아온다. 하지만 사건과 경험이라는 씨실과 날실에 진정한 의미를 부여하는 것은 우리의 내면 깊숙이에 성취하고자 하는 목표가 있으며, 현재 여기에 존재하고 있다는 것이 어떤 의미인지 우리가 알고 있다는 것이다.

당신은 발견하고 성취해야 할 당신만의 특별한 목표를 가지도록 창조되었다. 나는 나의 존재에 질서와 의미가 있다고 믿는 쪽을 선택했다. 내게 부여된 특별한 선물을 찾아나서는 쪽을 선택했다. 먼저 다가가서 봉사하는 쪽을 선택했다. 내가 이 세상에 존재하고 있기 때문에 이곳을 더 나은 곳으로 바꾸는 쪽을 선택했다. 이것은 나의 삶이 유의미한 것이 되도록 만들기 위해 내가 한 선택이다.

나의 삶 속에 나름의 목표가 있다고 믿는다고 해서 발견의 과정, 성취의 과정이 용이해지는 것은 아니다. 아이러니하게도 이로 인해 어떤 면에서는 삶이 더욱 어려워진다. 나의 목표라고 믿는 것을 성취하고 있지 않으면, 일종의 불만과 불안이 어느새 슬금슬금 기어 들어온다. 그런데 우리의 결심이 시험대에 오르고 더욱 강해지는 것은 바로 이 긴장의 시기에 접어들었을 때다.

나로 하여금 앞을 향해 나아가도록 만드는 이유는 정확히 무엇인가?

왜 나는 강한 바람에 얻어맞고도 다시 그 길로 되돌아오는가? 나의 삶은 특별하다는 강렬한 믿음과 존재의 거대한 계획 속에 담긴 삶의 중요성이 있기 때문이다. 여러 가지 목표들을 조화시키는 것은 내가 아니라 더 거대한 누군가가 있다는 믿음 때문이다. 내가 궁극적인 삶의 비전을 성취해 가고 있다는 충분한 증거는 희망을 주는 간단한 이정표들을 확실히 부여잡고 있기 때문이다.

  나의 신념의 핵심을 이루고 있는 것은 바로 미래에 대한 명확한 개념과 앞을 향해 나아가리라는 굳은 결심으로 이루어진 이 '희망의 이정표들'인 것이다.

연습문제1   정신, 감정, 신체, 영혼

우리 대부분은 인간의 상호교류를 이해하기 위한 여러 다양한 심리학적 모델들을 잘 알고 있다. 이 중 널리 알려져 있는 한 가지 모델로 인간을 정신—감정—신체—영혼의 차원으로 보는 것이다. 잠시 시간을 내어 각각의 차원이 당신에게 어떤 의미를 지니는지 그리고 어느 특정 영역에 있어 당신에게 중요한 것이 무엇인지 생각해 보자.

연습문제2   과거에 있었던 거듭나기 사건들

당신의 삶에서 경험했던 거듭나기 사건을 생각해 보고, 아래에 제시된 질문에 대답하라.

1. 이 사건을 둘러싼 상황을 설명하라.
2. 당신의 삶 가운데 이때를 생각하면 특히 기억에 남는 것은 무엇인가?
3. 개인적인 거듭나기가 얼마나 오래 지속되었는가?
4. 이 거듭나기를 지속하기 위해 무엇을 했는가?

연습문제3 **현재와 미래의 거듭나기 사건들**

거듭나기 사건들과 관련하여 다음의 질문에 대해 생각해 보라.

1. 지금 현재 당신에게 일어나고 있거나 또는 가까운 미래에 일어나게 될 거듭나기 사건들은 무엇인가?
2. 당신이 경험했던 과거의 거듭나기 사건들의 경우에 비해 당신의 행동은 동일한가 아니면 달라졌는가?
3. 현재의 거듭나기가 지속되거나 삶의 자양분을 공급하는 사건이 되도록 만들기 위해 당신은 무엇을 할 수 있는가?

한정은

경북대학교 영어영문학과를 졸업하고,
한국외국어대학교 통역번역대학원 중국어과 졸업.
국제회의 통역사, 통역번역대학원 BK21사업단 연구부의 연구원으로
활동 중이다. 역서로는 〈퍼팅 바이블〉〈스윙 바이블〉〈중국 상도〉와
한국일보사의 〈월간 골프매거진〉〈이것이 골프 경영이다〉
〈클릭, 나도 부자가 될 수 있다〉 등이 있다.

성공을 준비하는 비전의 기술

초판 1쇄 발행 | 2005년 5월 10일
초판 4쇄 발행 | 2010년 6월 20일

지은이 | 팀 호에르
옮긴이 | 한정은

펴낸이 | 한익수
펴낸곳 | 도서출판 큰나무

등록 | 1993년 11월 30일(제5-396호)
주소 | 410-360 경기도 고양시 일산동구 백석동 1455-4, 1층
전화 | (031) 903-1845(대표)
팩스 | (031) 903-1854

이메일 | btreepub@chol.com
홈페이지 | www.bigtreepub.co.kr

값 9,500 원
ISBN 89-7891-201-X 03320

잘못 만들어진 책은 구입하신 서점에서 교환하여 드립니다.

값 6,000원